Kirpal Singh

Die Lehren Kirpal Singhs
Band 3
«Das neue Leben»

Die Lehren Kirpal Singhs

Band 3
Das neue Leben

Edition NAAM

Titel der amerikanischen Originalausgabe:
«*The Teachings of Kirpal Singh*
Volume III: The New Life»

Copyright Edition NAAM, Wachendorf 1993
Alle Rechte vorbehalten. Abdruck nach vorheriger schriftlicher Vereinbarung mit dem Verlag möglich
Satz: Kösel, Kempten
Druck und Verarbeitung: Pustet, Regensburg

ISBN 3-923911-09-2

Sant Kirpal Singh

Inhalt

Teil I
Das neue Leben in der Welt

1	Die wahre Lebensweise	8
2	Weltliche Bindung	13
3	Bleibt in der Welt - innere Loslösung ist erforderlich	18
4	Wahres Leben gegenüber Welt und Gott	20
5	Rechtes Denken, rechtes Handeln	24
6	Familie	32
7	Ehe	37
8	Über Kindererziehung	42
9	Schutz für Familie und Freunde	44
10	Ernährung	45
11	Krankheit	49
12	Widrigkeiten	52
13	Trübsal	55
14	Gebet	56
15	Ein diszipliniertes Leben	57
16	Zusammensein und Umgang mit Leuten	59
17	Arbeit	62
18	Reichtum, Verantwortung	64
19	Geschenke	65
20	Tod	66
21	Religion und Ritual	68
22	Wunder und Yogakräfte	70
23	Geistiges Heilen	73

24	Andere Yogakräfte	76
25	Astrologie, Reinkarnationsforschung, I Ging	79
26	Zum Militärdienst	80
27	Der Meister	81
28	Korrespondenz	82
29	Hören des Tons vor der Initiation	82
30	Träume	83
31	Haustiere	83
32	Es ist eine edle Suche	84

Teil II
Das neue Leben in Gott

1	Liebe	94
2	Simran	110
3	Gottes Gnade	121
4	Reinheit	124
5	Glaube	126
6	Gebet und Dankbarkeit	128
7	Demut	129
8	Hingabe	133
9	Hindernisse für die Hingabe	136
10	Die Worte des Meisters	140
11	Die physische Anwesenheit des Meisters	144
12	Empfänglichkeit	146
13	Leben im Willen Gottes: Werde ein bewußter Mitarbeiter am Göttlichen Plan	156
14	Selbsthingabe	165
15	Aus Botschaften des Meisters	173

Nachweis der englischen Quellen   180

Teil I

Das neue Leben in der Welt

Die wahre Lebensweise

Das Leben auf Erden, wie wir es haben, hat einen ungeheuren Einfluß auf das Heranbilden des Körpers und des Gemütes. Deshalb müssen wir uns sehr bemühen, das Leben zu vereinfachen, und lernen, auf rechte Weise zu leben. Es ist die wahre Lebensweise, von der alles andere abhängt, sogar die Suche nach dem Selbst und dem Überselbst. Es kann nicht genug betont werden, wie wichtig wahres Leben ist. Zu Recht heißt es:

*Die Wahrheit steht über allem,
aber noch darüber steht die wahre Lebensweise!*

Einfaches Leben und hohes Denken waren schon immer ein Ideal bei den Alten und sie kämpften immer darum. Wir im jetzigen Zeitalter haben selten viel darüber nachgedacht, kaum einen Gedanken daran verschwendet, obwohl wir dieses Ideal manchmal annehmen und Lippenbekenntnisse dafür ablegen. Wenngleich es schwer erscheinen mag, die höchste Art Leben zu erreichen, ist es wohl unsere Mühe wert, herauszufinden, was es einschließt, welche Mittel und Wege ihm dienlich sind und es uns anzueignen. In allem, was wir tun, sollten wir uns immer ein Ziel vor Augen halten, die darin eingeschlossenen Wesensmerkmale ermitteln, die Methoden studieren, die zum erwünschten Ziel führen, und uns darüber regelmäßigen Überblick verschaffen, gründlich überprüfen, um wieviel wir dem anvisierten Endziel näher gekommen sind. In diesem Zusammenhang muß man natürlich voll konzentrierter Aufmerksamkeit sein, Hingabe und tagtäglich aufrichtiges Bemühen einsetzen, bevor man eine annehmbare Verbesserung in seinem Leben und im Verhalten, sowohl sich selbst als auch anderen gegenüber, feststellen kann.

Natürlich mag man fragen: «Woraus besteht das Leben des Menschen?» Der alte Mensch mit viel Lebenserfahrung, der das, was er von der Welt gesehen hat und erfahren konnte, satt hat, macht sich daran, das Leben in sich selbst zu analysieren: Besteht es nur aus Essen, Trinken, Schlafen, Kinder haben? Fürchten, Nörgeln und Streiten? Ansichreißen, Horten und Hassen? Einsperren und Unterwerfen jener, die uns an körperlicher oder mentaler Stärke unterlegen sind? Und aus Töten und dem Aneignen des Besitzes anderer? Müssen wir unsere Tage damit zubringen, die unrechtmäßig erworbenen irdischen Güter zu genießen, mit keinem anderen Erfolg am Ende, als einen erbärmlichen Tod zu sterben? Und uns Sorgen zu bereiten und unseren Angehörigen, unseren uns Nahestehenden und Lieben, die hilflos dabeistehen und klagen? Und was ist mit den weltlichen Werten - Ländereien, Gebäuden, Geld, Haustieren und den zahllosen Besitztümern, die gezwungenermaßen und gegen unseren Willen zurückgelassen werden müssen? Sollte dann angesichts all dieser harten Erfahrungswerte das Horten weltlicher Reichtümer unser einziges Ziel sein - das ein und alles unserer Existenz? Oder sollten wir uns um etwas bemühen, das höher ist und edler, dauerhaft und beständig, etwas, das bei uns bleibt, hier und danach? Die Antwort ist einfach: Die Allmächtige Kraft, wahre Quelle und Ursprung allen Lebens, unsere Wohnstatt des Glücks, ewigen Friedens und Mittel zu unserer Befreiung von den schrecklichen Fesseln von Geburt, Tod und *Karma* sollte das Hauptziel und das einzige sein, das es anzustreben und zu erringen lohnt, denn es ist die Krönung des Lebens.[1]

Frage: In welchem Ausmaß zeigt das äußere Verhalten inneres spirituelles Wachstum an?

Meister: Ein ausgeprägter Sinn für Selbstverleugnung und Selbstaufgabe ist der äußere Ausdruck des spirituellen Wachstums eines Menschen. Dies wird nicht zur Schau gestellt, um Schwächen zu verbergen, sondern um sich im tiefsten Herzen tatsächlich das Gefühl anzueignen, daß man lediglich ein winziges Rädchen in der riesigen Maschinerie der göttlichen Vorsehung ist. Wer bewußter Mitarbeiter am Göttlichen Plan wird, drängt sich nie in den Vordergrund, sondern erzählt bescheiden in der dritten Person. Er verachtet keinen, sondern erfreut sich immer daran, anderen liebevolle Hilfe und Unterstützung anzubieten. Er kritisiert nicht, sondern spricht über die Tatsachen des Lebens auf selbstlose Weise zu unserem spirituellen Nutzen. Er lebt ernsthaft nach den heiligen Geboten, ohne auf die Ergebnisse zu schauen. Er unterwirft sich nicht der Umgebung, sondern paßt sich freiwillig an, denn er weiß genau, daß er immer unter dem gnädigen Schutz der Meisterkraft steht. Nie ist er trübsinnig, sondern im tiefsten Herzen frohgemut, selbst angesichts von Unglücksfällen. Er tadelt andere nicht wegen ihrer Schwächen, sondern sucht diese durch sorgfältige Lebensweise und Anpassung auszumerzen. Er schreibt seinen spirituellen Fortschritt nicht seinen eigenen und einseitigen ernsthaften Bemühungen zu, sondern betrachtet ihn als ein heiliges Geschenk vom Meister. In Verlust und Erfolg ist er gleichmütig. Er kann leicht vergeben und vergessen. Selten ist er provozierend; eher ist er gesegnet mit einem starken Sinn für liebevolle Zusammenarbeit zum spirituellen Wohl anderer.

Der bewußte Mitarbeiter am Göttlichen Plan besteht weder auf seiner Autorität noch nimmt er eine Überlegenheit gegenüber den weniger entwickelten Seelen in Anspruch, sondern er benimmt sich wie ein Freund oder Bruder und betet im Inneren für ihre Erlösung. Durch die Sorgen anderer fühlt er sich niemals belastet und kann mit Leichtigkeit erhabene

Lösungen anbieten. Er ist ohne Unterlaß im Herzen voll Mitgefühl und wünscht das Wohlergehen aller Menschen, Tiere, Vögel und Insekten. Er ist immer voll tiefer Dankbarkeit und klagt selten über seine Schwierigkeiten, ganz gleich welcher Art. Er ist keusch und freundlich, verbirgt aber seine Tugenden hinter dem Kleid erlernter Wissenschaft. Er gibt nie mit seiner Tapferkeit oder Klugheit an, sondern sucht anderen heimlich zu helfen. Er schätzt das Rampenlicht nicht. Er lehnt Reklame ab und scheut große Versammlungen. Schauspielern und Posieren mag er nicht, sondern ist immer zurückhaltend und natürlich in seinem Auftreten.

Der bewußte Mitarbeiter in Gottes Plan kann seine Gedanken willentlich zur Ruhe bringen, indem er sich mit dem *Heiligen Naam* im Innern abstimmt und seine Aufmerksamkeit den heiligen Füßen des Meisters zuwendet. Von ihm wird er immer beschützt und stündlich genährt, nein - eher jeden Augenblick gesegnet durch die liebevollen Lebensimpulse der Meisterkraft. Er weiß sehr wohl, daß sein physisches Leben nur eine vorübergehende Entwicklungsstufe der Seele ist, welche im langen Drama des menschlichen Daseins von den niedrigeren Schöpfungsarten kommt, er weiß auch, daß nichts Materielles sie ins Jenseits geleiten wird. Er glaubt nicht an den Wert des Hortens, sondern bemüht sich, ein genügsames Leben voller Zufriedenheit zu führen. Er wird vom Zauber luxuriösen Lebens nicht betört, sondern betrachtet es als enge Fessel für die menschliche Seele. Er wetteifert nicht mit den sogenannten wohlhabenden und reichen Leuten, sondern betet innerlich für deren spirituelle Befreiung vom Rad der Geburten und Tode. Er lebt nicht, um zu essen, sondern ißt, um ein Leben voll göttlicher Seligkeit und Harmonie zu leben. Er ist nicht stolz auf prunkvolle Kleider, sondern ist zufrieden mit einfacher Kleidung, die zu vernünftigem Preis erstanden werden kann.

Der bewußte Mitarbeiter am Göttlichen Plan scheut harte Arbeit nicht, sondern übernimmt auf selbstlose Weise mächtige Aufgaben zum Wohle anderer und auf Kosten seiner körperlichen Belastbarkeit. Er verlangt keine Belohnung für seine Mühe, sondern betrachtet die heilige Hingabe als eine Gnade in sich. Er wird sich bemühen, anderen zu helfen, selbst um den Preis eigenen Leides. Er ist, kurz gesagt, ein rechtschaffener Mensch mit guten Gedanken, guten Worten und guten Taten.[2]

Heutzutage wird es immer schwieriger für einen ehrenhaften Menschen, in der Welt zu leben. Die Tugend nimmt ab und ist für viele eine Zielscheibe von Spott. Das Laster nimmt zu, und ihm nachzugeben, wird sogar als Tugend gepriesen. Das moralische Gewebe der Gesellschaft mit Kette und Schuß hat keinen Faden mehr, und wenn man diesem Vorgang erlaubt fortzuschreiten, wird das Gewebe zerreißen. Selbst die Kunst, früher ein Mittel, die Menschen zu einem ethisch höheren Leben zu erziehen, ist diesem zerstörerischen Vorgang nicht entkommen. In Theater, Kino und Fernsehen wird der Schmutz und Dreck eines pervertierten Verstandes hemmungslos und ungehindert vermehrt. Sogar die bestgeachtete aller Erziehungseinrichtungen, die Universität, vergißt ihre wahre Funktion, nämlich die wertvollste Art von Staatsbürgern hervorzubringen, die sich dem Dienst an ihren Mitmenschen weihen.

Um diesem verderblichen Prozeß entgegenzuwirken, hat Ruhani Satsang sowohl in Indien als auch im Ausland Zentren oder Studienhäuser geschaffen, wo der Mensch die wahren Werte des Lebens lernen kann, wie sie von einem spirituellen Standpunkt aus gelehrt werden. In diesen Zentren werden die Schüler durch persönliche Unterweisung, Korrespondenz und Vorlage von Berichten über den Fortschritt geübt und geführt. Die Berichte geben im einzelnen Erfolg und Mißerfolg wieder, wie man sie bei der praktischen

Anwendung der Grundsätze wahrer Lebensweise, die den Schülern dort gelehrt werden, erfährt.[3] Initiierte (in die Meditation Eingeführte, A.d.Ü.) sollten auf allen Lebensgebieten, seien sie materiell oder spirituell, ausschließlich durch die Lehren des Meisters geführt werden. Wenn man anderen Vorstellungen und Ideen erlaubt, sich einzuschleichen, bedeutet das, Seine Lehren zu beflecken und die Initiierten zu verwirren.[4]

Weltliche Bindung

Des Menschen Aufmerksamkeit ist sein einziges Vermächtnis und sein Besitz von höchstem Wert; sie zu sehr nach außen auszudehnen, ist seinen spirituellen Interessen genauso abträglich wie auch den weltlichen. Deshalb sollte man sich bemühen, den besten Gebrauch von allen äußeren Geschäften zu machen, um das Endziel zu erreichen: das eigene Selbst durch angewandte Selbstanalyse zu erkennen und Gott zu erkennen.[5]

Die Liebe ist unserer Seele eingegeben, und wir sind bewußte Wesen. Wenn unsere Liebe dem Allbewußten zugewandt ist, ist sie wahre Liebe. Diese wird euch Freiheit, Seligkeit und Freude geben. Ist sie jedoch an die weltlichen Dinge geheftet, den physischen Körper, seine Umgebung, die Sinnesfreuden, dann ist dies Bindung und ein sicherer Weg, immer wieder in die Welt zurückzukehren, dorthin, wo ihr gebunden seid.[6]

Wenn Gott euch findet und die Initiation erteilt, euch etwas gibt, mit dem ihr beginnen könnt, dann schützt Er euch davor, in den äußeren Freuden zu schwelgen, in der niederen Jagd nach der Lust wie auch im Ausleben von Zorn und deren

Auswirkungen. Diese Eindrücke werden durch die nach außen gehenden Sinnesorgane aufgenommen, die zur äußeren Welt hin geöffnet sind, und sie werden in den Astralkörper eingeprägt. Um ein Beispiel zu nennen: Wenn man ein Glas mit Wachs überzieht, in das Wachs einige Eindrücke ritzt und dann eine Säure darüber gießt, werden all diese Einritzungen ins Glas eingeprägt. Auf ähnliche Weise prägen sich alle Eindrücke von außen durch den physischen Körper und die Sinnesorgane in unseren Astralkörper ein.[7]

Der Meister möchte, daß jeder von uns die flüchtigen Formen und Muster durchdringt und weitergeht von den Erscheinungen der Natur hin zum Gott der Natur. Er warnt uns davor, uns in die Irre führen zu lassen von den Verlockungen und dem wilden Zauber, die die Dame Natur durch ihre kurzlebigen Reize und vergänglichen Schönheiten ausstreut. Wir sollten diese ausschließlich als Hinweisschilder betrachten, die auf den Herrn deuten, den ewigen Gott, der im Innern wohnt und jede der kurzlebigen Schöpfungen durchdringt. Der Meister möchte weiterhin, daß wir all unsere Energien zusammenfassen und sie in unsere Dienste zwingen, um unseren Körper während unseres irdischen Aufenthaltes zum lebenden Tempel der göttlichen Musik - des Wortes - zu machen.[8]

Bindungen an die Sinnesobjekte, die prunkvolle Zurschaustellung von Reichtum und Wohlstand, luxuriöse Fülle und Überfluß, zügellose Sinnlichkeit eines müßigen Lebens im Luxus: all dies trägt zur Unausgeglichenheit des unbedarften Gemütes bei. Das sind Dornen und Disteln, die die Schönheit eines ungestörten Gemütszustandes, der den am besten geeigneten Nährboden für das Heraufdämmern des Göttlichen bildet, verderben. Jeder Tag, jede Stunde und jede Minute, die vergeht, führen uns mehr und mehr in die Bindung durch die weltlichen Erscheinungsformen der Sinne hinein.[9]

Romantisches Leben auf der physischen Ebene scheint bezaubernd. Es hat seine Anziehungskraft, ist aber entwürdigend. Es hinterläßt schreckliche Bitterkeit und Lebensüberdruß. Das Leben auf den höheren Ebenen ist romantischer und vermittelt ewigen Frieden und ewige Freude - warum also etwas Höheres, Reineres opfern für niedrigere und verderbenbringende, vergängliche Dinge? Deshalb muß man seinen eigenen Grundsätzen folgen und darf nicht die Regeln von Reinheit und Ethik verletzen. Wer so handelt, erhält jegliche notwendige Hilfe in seinen Bemühungen und ist sehr gesegnet.[10]

Jene Augen, die von einer schönen Frau oder einem schönen Mann angezogen werden, sind schadhafte Augen, denn diese Schönheit ist zeitlich begrenzt und dauert nur wenige Jahre. Etwas, was die Zunge süß macht, macht sie nicht für immer süß. Die Süße hält nur ein paar Augenblicke. Wenn wir den Meister für alles Süße halten, dann wird für uns nichts süßer sein. Anstelle der Bemühung, viele Brunnen zu graben, nehmt all eure Anstrengungen zusammen, um einen einzigen Brunnen zu graben, damit ihr in der Lage sein werdet, das Wasser des Lebens zu trinken. Wir müssen Reichtum ansammeln - welche Art von Reichtum? Es ist der Reichtum von *Naam*, der Kraft, die dem ganzen Universum Leben gibt. Denkt daran: Gott zuerst und dann die Welt!

Seid wie eine Flöte immer ganz leer, so daß der Meister aus eurem Leben liebliche Musik machen kann.[11]

Bücher zu lesen, ist etwas Gutes. Aber ihr Zweck ist, daß man sein Leben so formen sollte, daß das Gute, über das man liest, Teil des eigenen Lebens wird.[12] Bloßes Buchwissen oder intellektuelle Entwicklung kann die Spiritualität nicht erwecken. Durch Buchgelehrsamkeit wird sicherlich der Verstand gemästet, aber der Geist erhält keine Nahrung. Daher kann jeder von uns flüssig über spirituelle Angelegenheiten sprechen, aber das tatsächliche Leben gibt kein Zeugnis davon.[13] Was jenseits des Intellekts liegt, kann nicht erklärt werden - man kann nur mit ihm in Verbindung treten.[14]

Fotografien sollten nur der Erinnerung dienen und nicht der Visualisierung. Auf Fotografien mit den Blicken und den Gedanken zu verweilen, wird nach einiger Zeit ein Bild vor euch erstehen lassen, das weder spricht noch sich bewegt, um euch im Inneren zu führen. Auf dem natürlichen Pfad muß das Gemüt beruhigt werden. Alles übrige wird auf natürliche Weise und ungefragt kommen.[15]

Du fragst wegen Musik. Musik ist nicht notwendigerweise schlecht für spirituelle Meditationen, da anbetende Gesänge sich manchmal als nützlich erweisen, den inneren Impuls zu erwecken. Aber äußere Musik füttert das Gemüt, während der heilige Tonstrom die Seele nährt und sie erfüllt und befähigt, regelmäßige Flüge in die jenseitigen Regionen zu unternehmen.[16]

Ich sehe, du hast einen Hang zu Golf und zu Karten. Das letztere Spiel ist schädlich, und es war richtig, daß du damit aufhörtest. Golf ist, soweit es seine körpererfrischende Seite betrifft, ein gutes Spiel. Es ist eine gute körperliche Übung, und wenn du es dir leisten kannst, gibt es keinen Einwand, daß du damit fortfährst. Weißt du, spielen oder dergleichen ist gefährlich. Du wirst zustimmen, daß das Gemüt bereits voll ist von ruhelosen Eigenschaften. Es also mit noch mehr ähnlich störenden Gedanken zu füllen, bedeutet einfach, Öl ins Feuer zu gießen.[17] Spekulieren oder spielen ist eine große Sünde und deshalb werden spirituell Strebende im übergeordneten Interesse ihres spirituellen Fortschritts davor gewarnt, sich darauf einzulassen.[18]

Die meisten unserer Bindungen und Handlungen im Leben dienen dazu, karmische Schulden auszugleichen. Daß du immer wieder zu den Verwandten gegangen bist, war ein solcher Ausgleich.[19]

Man darf sich von der Welt nicht hinwegtragen lassen, sondern sollte jede Sache mit Unterscheidungskraft betrachten. «Die ganze Welt ist gefesselt mit den Seilen der Liebe zu Eltern, Kindern, Freunden und irdischen Beziehungen», und man muß sich von dieser Sklaverei befreien. Davonzulaufen in die Wälder, ist keine Lösung. Es muß innere Losgelöstheit sein; diese innere Loslösung kann nur durch die Liebe zu einem wahren Meister entstehen. Daher der große Wert des *Satsangs* (Gemeinschaft mit der Wahrheit, A.d.Ü.), denn nur durch das Zusammensein mit dem Meister nimmt man die wahren Werte des Lebens in sich auf, erfährt von den Täuschungen der Materie (*Maya*) und verinnerlicht eine Liebe, die die Liebe zur Welt ersetzt. Friede und Segen strahlen von der Person eines Heiligen aus und jeder, der in seinen Bann kommt, wird von weltlichen Spannungen, Ehrgeiz und Eifersüchteleien befreit. Er sieht alle Geschöpfe als sein eigenes Wesen und weiß, daß aller weltlicher Gewinn nur vorüberziehender Schatten ist. Nur ein solcher Mensch kann das Netz der Materie durchschneiden und nach den jenseitigen Welten greifen.[20]

Oh Herr, wir sind deine unwissenden Kinder. Der *Guru* lehrt uns und öffnet uns für die Erkenntnis. Heute macht ihr vielleicht das eine, morgen etwas anderes; ihr seid unstet und wollt immer Neues, von wo aus ihr wieder nach anderen, neuen Dingen verlangt. Der Meister gibt immer die Erlaubnis für das, was ihr wollt und bleibt bei euch in allem, was ihr tut, fährt aber beständig damit fort, euch nach und nach zur Wahrheit hinzuwenden, damit euer Interesse an ihr immer mächtiger wird. Wenn er dann eure Aufmerksamkeit dort gefestigt hat, dann wird er ein neues Leben für euch einrichten und euch in eine neue Welt geleiten.[21]

Bleibt in der Welt -
innere Loslösung ist erforderlich!

Die Persönlichkeiten, die verkörperte Wahrheit sind, raten dem Suchenden niemals, Heim und Herd zu verlassen, um im Urwald und an einsamen Orten zu wachen. Das ist überhaupt nicht notwendig.

> *Triffst du einen vollendeten Meister (Satguru),*
> *vollkommen ist seine Methode:*
> *Lachend, spielend, essend, webend*
> *wirst du Erlösung erlangen,*
> *wenn du ihm folgst.*

Es geht nicht darum, die Umstände, in die Gott euch gestellt hat, zu verlassen. Es besteht keine Notwendigkeit, einen Wohnort zu ändern, ändert vielmehr einfach euren Blickwinkel. Beugt euch nieder vor den Worten des *Satguru*, nicht nur vor seinem Körper (in Indien ist es üblich, sich vor frommen, ehrwürdigen Personen tief zu verbeugen und mit den Händen ihre Füße zu berühren, A.d.Ü.), sonst bleibt ihr sehr fern von Ihm und eurem Ziel.[22]

Gott ist in euch. Der *Guru*, die Meisterkraft, ist in euch. Er wartet auf euch. Ihr jedoch seid im Äußeren verhaftet. Das bedeutet nicht, daß ihr die Welt verlassen solltet, um in den Himalaya zu gehen. Wir müssen im Wasser schwimmen lernen, nicht auf trockenem Land und nicht durch verstandesmäßiges Ringen. Dies hier ist eine Übung, bei der ihr ein Anfangskapital im Inneren bekommt. Wie die Nadel von einem Kompaß immer nach Norden zeigt, so solltet ihr üben, während ihr eure Arbeit in der Welt verrichtet. Ein wahrer

Meister rät euch nicht, die Welt zu verlassen, vielmehr in ihr zu bleiben und ihr dennoch nicht anzugehören. Ein Boot schwimmt im Wasser und ihr könnt im Boot rudern, ansonsten werdet ihr ertrinken. Wenn die äußeren Eindrücke euch im Inneren überfluten, ertrinkt ihr im Wasser der Welt und müßt immer wieder zurückkommen.[23]

Der Sucher, der einen wahren Führer gefunden und begonnen hat, die rechte Art der Liebe und des Vertrauens zu ihm zu entwickeln, wird sich natürlich bemühen, sein Leben entsprechend dem Willen seines *Satgurus* zu gestalten: *Baba Ji (Jaimal Singh: «Von der Gottsuche zur Verwirklichung»; das Buch wurde allerdings nicht von ihm geschrieben, sondern Sant Kirpal Singh verfaßte es über ihn)* legte großen Nachdruck auf die Notwendigkeit, unser Leben so umzuformen. Es sei nicht notwendig, so betonte er, die Welt zu verlassen, um dem inneren Pfad folgen zu können. Für den spirituellen Fortschritt sei vielmehr inneres Losgelöstsein notwendig, und wer sich vollständig seinem *Guru* hingäbe, sei frei von allen irdischen Banden. Einige seiner Schüler brachten immer wieder einmal den Wunsch nach vollkommener Entsagung zum Ausdruck. Aber er hielt solche Tendenzen stets unter Kontrolle: «Ihr sagt, ihr wollt Heim und Arbeitsplatz aufgeben und euch ausschließlich den spirituellen Übungen hingeben. Heim und Arbeitsplatz und Besitz - sind sie wirklich euer? Überlegt es gründlich! Es ist alles das Spiel eines Zauberers und die Welt ist ein Traum. Wozu sich dann also sorgen um Festhalten und Aufgeben?»[24]

Ihr seid nicht der menschliche Körper, sondern eine bewußte Wesenheit: ihr habt den Intellekt, aber ihr seid ein bewußtes Wesen. Durch die Gnade Gottes erhieltet ihr den Menschenkörper, damit ihr in eure Heimat zurückkehren könnt. Ihr müßt hier bleiben, eure Schulden abzahlen, euer Geben und Nehmen erledigen und euren Weg zurück zu Gott finden.

Wahres Leben gegenüber Welt und Gott

Kabir Sahib sagt, daß alle menschliche Wesen sind, und jetzt ist die Zeit, diese edlen Dinge zu begreifen und aus der Trägheit zu erwachen.

> *Erwache, Geliebter, warum schläfst du?*
> *Die Nacht ist vergangen, willst du auch*
> *noch den Tag verlieren?*

Es ist an der Zeit, aufzuwachen - bewußter zu werden. Gebt dem Kaiser, was des Kaisers ist, und bedenkt, daß eure Seele Gott gehört.[25]

Ihr könnt euer Zuhause zu einem einsamen Wald machen. Ist nicht die Nacht ein einsamer Wald? Die Schüler, die ihre Nächte mit liebevollem Gedenken an den Herrn verbringen, werden selbst zu Gott. Wenn ein Mensch die dämmrigen Stunden von Sonnenuntergang bis Sonnenaufgang beherrschen kann, wird er ein wahres menschliches Wesen.

Ein Meister sagte, daß in der Nacht der Duft des Herrn verteilt wird. Wer wach bleibt, erhält dieses kostbare Geschenk. Kommt während des Tages den weltlichen Pflichten nach und während der Nacht stellt euch vor, ihr seid ganz allein weit draußen auf dem Lande. Eure Pflichten und gesellschaftlichen Aufgaben in Familie und Freundeskreis sollten mit Freuden erfüllt werden, denn Gott hat euch zusammengebracht, damit das Geben und Nehmen erledigt wird. In der Nacht jedoch könnt ihr euch von alledem frei fühlen und euch in Seinem Schoße ausruhen. Es ist überhaupt nicht notwendig, euer Haus und eure Familie zu verlassen, um zu meditieren, wo ihr doch die langen einsamen Nächte habt. Wenn ihr völlig in einer Sache aufgeht, ist das wahre Entsagung, abgeschnitten von allen anderen Dingen.

Und wenn wir heute damit anfangen, wird sich unser Leben ganz bestimmt verändern.[27]

Wir sollten wahre Demut pflegen, die weder unterwürfig noch übertrieben selbstsicher ist. Das sind die Dinge, die dem Meister gefallen und uns empfänglich machen für die gnädige Meisterkraft, die über uns wirkt. Wenn ihr ein Leben der Bescheidenheit und Einfachheit lebt, dann herrscht in eurem Gemüt Frieden. Was gehört euch denn schließlich hier auf Erden? Warum solltet ihr an den Eitelkeiten der Welt hängen, wenn die Schätze des Göttlichen in euch liegen? Wenn ihr für Gott lebt, werden sich alle Dinge zu eurem Vorteil fügen, nicht nur spirituell, sondern auch materiell. Das ist das grundlegende Gesetz Gottes, das von allen erfahren werden kann, die wahres Leben praktizieren.

Eine andere wichtige Seite des rechten Lebens betrifft das äußere Benehmen, das gegenüber der Gesellschaft, in die man geboren wurde, natürlich sein sollte; Zurschaustellung und Angabe sind weder erforderlich noch erwünscht. Einige der Lieben meinen, sie sollten äußere Symbole, wie Kleidung und Namen übernehmen, die die Gesellschaft kennzeichnen, in die der Meister geboren wurde, weil sie glauben, das gefiele ihm. Das geistige Leben verlangt keinen Wandel der äußeren Lebensweisen hinsichtlich Name, Auftreten oder Kleidung. Die Meister kommen nicht, um soziale Ordnungen zu schaffen oder aufzulösen. Ihre Mission ist schlicht und einfach, das Gesetz Gottes zu erfüllen, das lautet, Seine verlorenen Kinder zu erlösen. Sie bitten uns nur, uns innerlich zu wandeln, um arm im Geiste und rein im Herzen zu sein.[28]

Über die Meinungen anderer brauchst du dir keine Sorgen zu machen. Ansichten, die auf eigener Erfahrung beruhen, sind die besten. Jeder Mensch erhält Hilfe entsprechend seiner individuellen Empfänglichkeit. Alle befinden sich auf dem Weg zur Vollkommenheit. Alles, was jeder einzelne der Lieben zu tun hat, ist, regelmäßig mit Liebe, Vertrauen und

Hingabe zu meditieren, und sich Tag für Tag zu entwickeln. Alle erforderliche Hilfe wird von der Meisterkraft innen und außen gewährt.[29]

Lernt einfach, in der lebendigen Gegenwart zu leben, indem ihr die Zeit, die euch zur Verfügung steht, auf beste Weise nutzt. Die kostbaren Augenblicke des Erdenlebens, die in Meditationen und ehrbarer Arbeit verbracht werden, zählen viel für den inneren Fortschritt.[30]

Mit anhaltendem spirituellem Fortschritt bezüglich der inneren Entwicklung stören die äußeren Dinge immer weniger. Bedenkt, daß die Ereignisse kommen und gehen. Die innere Entwicklung wird - so wie sie fortschreitet - nach und nach die äußeren körperlichen Versuchungen überstrahlen. Dann beginnt man, seine Handlungsweise so abzustimmen, daß man die höheren Ideale einhält und beständig im Blick behält. Dieses Ideal zu erreichen, wird zu einer allesumfassenden Berufung im Leben. Die Handlungen, die dem höheren Fortschritt dienlich sind, werden dann zur reinen Freude.[31]

Jeden Tag und jede Stunde sende dem Meister - dem Gott in ihm - Dank dafür, daß er dich auf den Weg gestellt hat, und für alle anderen Gaben, die du genießt. Auf diese Weise wirst du dir des Meisters die ganze Zeit bewußt sein. Ohne ihn kannst du nichts tun und mit ihm kannst du alles. Je mehr Zeit du mit dem Meister verbringst, desto reibungsloser wird das tägliche Leben.[32]

Versuche dich innen zu entwickeln und du wirst selbst sehen, wie das karmische Rad wirkt. Das Warum und Wofür aller Dinge wird dir sonnenklar, wenn du dich in die Kausalebene erhebst.[33] Die Möglichkeit weiterer Inkarnationen kann ausgeschlossen werden durch die stufenweise Entwicklung liebender Hingabe zur Meisterkraft und Abneigung gegen weltlichen Besitz.[34]

Wenn du in Gedanken an Gott einschläfst, wird dieser Gedanke in deinem Blutkreislauf zirkulieren, und wenn du aufwachst, wirst du in liebevollem Gedenken an Ihn aufstehen. Es heißt, wenn man die frühen Morgenstunden mit Schlafen vergeudet, stirbt man, bevor man lebt.[35]

Was ihr auch an Etiketten in Verbindung mit eurer physischen Existenz habt, laßt sie bestehen und behaltet den Glauben, die Sprache, die Symbole und Gebräuche, welche euch zu eigen sind, bei. Die Seele jedoch ist vom gleichen Wesen wie Gott, und wir sind alle Seine Kinder. Deshalb gehört die Seele Gott - gebt sie Ihm![36]

Wenn ihr zu Gott lauft, wird alles andere von selbst nachfolgen.[37] Der höchste Zweck des menschlichen Lebens ist, sich selbst und Gott zu erkennen; alles Verbleibende ist reine Kraftverschwendung.[38]

Der Meister ist «fleischgewordenes Wort». *Er ist Licht, Leben* und *Liebe*. Wenn ihr in ihm lebt und euch in ihm bewegt, wird er euer eigenes *Leben* sein und euch mehr *Licht* und *Liebe* geben.

Das Wort ist das «Brot des Lebens» und das «Wasser des Lebens». Seid ihr hungrig und durstig, dann tretet ein in die innere Stille und empfangt davon in Fülle. Das gibt euch ewiges Leben. Das befindet sich in euch, keinem wird es vorenthalten.

Vergeßt die Vergangenheit, vergeßt die Zukunft - entspannt euch vollkommen! Seid still, seid allein mit eurem eigenen Selbst und gebt euch voll und ganz dem Meister hin! *Licht* und *Liebe* wird durch euch in der ganzen Welt ausgestrahlt werden.[39]

Rechtes Denken, rechtes Handeln

Jeder Gedanke, jedes Wort und jede Tat, gut oder schlecht, hinterlassen einen unauslöschlichen Eindruck im Gemüt und man wird darüber zur Rechenschaft gezogen. Daraus erwächst die Notwendigkeit rechter Gedanken, rechten Strebens und rechten Verhaltens, die alle zusammen die Hecke um den zarten jungen Baum der Spiritualität bilden.[40]

Ich möchte, daß ihr «vereinfacht, vereinfacht und nochmal vereinfacht». Einfach zu sein in allen Aspekten des Lebens bedeutet, das Leben anzunehmen.

Versucht, allen zu helfen in einem Geist der Demut. Euer Selbst wird sich ausdehnen und die ganze Menschheit und die übrige Schöpfung umfangen. Solch ein «Unternehmen» wird eure Seele zu Gott führen.

Seid rein in Gedanken, Worten und Taten und liebt alle. Liebe ist das Heilmittel für alle Übel des Lebens. Seid gut und tut Gutes. Diese fünf Worte bergen das Wesen aller Religionen der Welt in sich. Meine Arbeit wird reichlich belohnt sein, wenn ihr nach ihnen lebt.[41]

Der Mensch ist das, woran er den ganzen Tag denkt. Man kann jeden Augenblick nur einmal leben. *Emerson* sagte: «Kein Augenblick in der Ewigkeit ist wichtiger als dieser Augenblick jetzt.» Alles wirklich Gute oder Schlechte, das einen Menschen treffen kann, stammt von ihm selbst. Lebt ein Mensch in der Gegenwart auf gute oder schlechte Weise, stellt er dasselbe für die Zukunft sicher. Wenn ihr schlecht von anderen denkt, werdet ihr nicht nur sie verletzen, sondern genauso euch selbst, denn Gedanken sind sehr mächtig.[42] Nichts in der Welt ist gut oder schlecht - nur unsere Gedanken machen es dazu. Wir ziehen - genauso wie der Samen der einen oder anderen Art - Impulse aus der Atmosphäre an, so wie sie unserer mentalen Struktur entsprechen.[43]

Der Weg zur Vollkommenheit liegt im Gehen, nicht im Sprechen, und so etwas wie das Beurteilen anderer oder des Meisters vom eigenen Standpunkt oder von dem bisher erlangten Verständnis aus ist kaum gerechtfertigt und steht niemandem zu. Alle befinden sich auf dem Weg zur Vervollkommnung und es ist für keinen weise, Fehler am anderen zu finden.[44]

Reden ist einfach, handeln ist schwer. Durch Reden wird nichts erreicht, aber durch Handeln kann man auf dem Pfad vorankommen.[45]

Zuviel sprechen verschwendet spirituelle Energie. Du solltest versuchen, deine Rede zu beherrschen, indem du still zum *Simran* der Namen Zuflucht nimmst. Du wirst in der Lage sein, die Schwierigkeiten zu überwinden und in entsprechender Zeit voranzukommen. Überlege zweimal, bevor du sprichst. Denke nach, ob das, was du sagst, wahr, freundlich und notwendig ist.[46]

Des Meisters starke, beschützende Arme und seine liebevollen, wachsamen Augen sind immer bei seiner Herde. Er dient ihrem Fortschritt. Wenn die äußeren Schwierigkeiten hart erscheinen, nimmt seine innere Gnade zu. Sagt jemand etwas Unerfreuliches über dich, überdenke es in Ruhe. Wenn das Gesagte teilweise oder im wesentlichen richtig ist, dann versuche, diese Fehler zu beseitigen und danke demjenigen für die Freundlichkeit, diese Tatsachen aufzuzeigen. Ist andererseits das Gesagte nicht richtig, so akzeptiere den Umstand, daß er nicht vollständig informiert ist und aus einem Mißverständnis heraus sprach. Verzeihe es ihm und *vergiß* es! Sollte sich eine Gelegenheit ergeben, das Mißverständnis aufzuklären, dann tue es liebevoll und mit offenem Herzen. Das wird den spirituellen Fortschritt beschleunigen und bei der Reinigung des Gefäßes helfen, das dafür bestimmt ist, mit der stets bereiten und überfließenden Gnade des Meisters angefüllt zu werden.[47]

Solange man nicht universales Bewußtsein erlangt hat, müssen Meinungsverschiedenheiten bestehen. Haben wir aber ihre Ursache erkannt, werden wir ihnen nicht erlauben, unseren Gemütsfrieden zu stören. Wenn wir uns ganz unserer Liebe hingegeben haben, wird niemals mehr etwas unsere Ausgeglichenheit stören oder unseren spirituellen Weg behindern, ungeachtet aller äußerer Widerstände oder Meinungen anderer. Wer erregt wird durch das, was andere zu sagen haben, ist fraglos jemand, der noch vom Ego beherrscht wird, und er muß sich erst noch selbst besiegen. Er muß noch die Anfangsgründe der Spiritualität erlernen.[48]

Wenn also jemand eure Gefühle in Wort oder Tat verletzt, dann vergebt! Vergebung ist das einzig süße Wasser, das allen Schmutz wegwäscht. Gerechtigkeit kann es nicht, beachtet das! Wenn ihr Gerechtigkeit wollt, wird das Folgen nach sich ziehen. Nur Vergebung wäscht den Schmutz weg. Vergeben und Vergessen, dies ist der Weg zur Spiritualität.[49]

Gute Bücher sind hilfreich, aber sich zu sehr in solche Bücher zu vertiefen, führt zur Verwirrung.[50] Ein vorurteilsfreies und sorgfältiges Studium der heiligen Bücher, die von hier herausgegeben werden, wird dich mit mehr rechtem Verständnis segnen. Diese Bücher bedürfen nicht der weiteren Auslegung. Wie dem auch sei, wenn du es unternehmen willst, die darin besprochenen subtilen Punkte herauszuarbeiten, dann wirst du empfänglicher sein müssen, indem du dich selbst vollkommen ausschaltest und die gnädige Meisterkraft durch dich wirken läßt. Glatte Kanäle werden benetzt durch das Hereinfließen der göttlichen Gnade, und um den größtmöglichen spirituellen Nutzen zu erlangen, solltest du selbstloser und demütiger sein.[51]

Das ethische und reine Leben ist das Wesentlichste, aber ohne einen gewissen Grad innerer Überzeugung unterliegt man gewöhnlich unter ernstem Druck und anstrengenden Spannungen der Gefahr des Fehltrittes. Diese Überzeugung und dieses Heranwachsen bis zu voller Blüte sind notwendig, und der Meister hilft durch seine reine Gnade und Güte, sie zu erlangen. Dein Wohlergehen liegt mir so am Herzen wie einem liebendem Vater das Wohlergehen seines Kindes.[52]

Versuche, nach der Anweisung des Meisters zu leben, und nur dann werden deine Worte bei deinen Freunden Gewicht haben. Du kannst nicht Keuschheit predigen mit Begierde im Herzen und lüsternem Blick.[53]

Wenn es da welche gibt, die die Wahrheit nicht verstehen oder nicht verstehen wollen, dürfen wir durch sie nicht verärgert sein. Sie sind alle Gottes Kinder, wie wir es sind, und müssen durch Liebe und Überzeugung gewonnen werden.[54]

Alle Initiierten sind auf dem Weg. Einige haben sich mehr entwickelt als andere. So mögen einige mehr Fehler und Schwächen haben als andere. Wir sollten die Sünde hassen und den Sünder lieben.[55]

Im Glück der anderen sollten wir glücklich sein und in ihrem Leid sollten wir leiden.[56] Selbst wenn wir nur einem Menschen geholfen haben, ein wenig Unglück aus seinem Tag zu nehmen, dann haben wir einen großen Dienst getan. Tragt mit liebevollen Worten, mit freundlicher Zuneigung mit an der Unglückslast, die auf unseren armen Mitmenschen lastet, oder sie wird sich ausbreiten und wachsen, wenn die Tage verstreichen.[57]

Es ist tatsächlich ein großer Dienst, einem niedergedrückten Kind den Weg zum Vater zu weisen, und im Gegensatz dazu ist es der Gipfel der Sünde und Dummheit, einen davon abzuhalten, den rechten Weg zu gehen und ihn in die Irre zu führen.[58]

Du fängst an zu verstehen, daß die Dinge im Leben einem Plan entsprechend geschehen. Dieser Plan ist ein unmittelbares Ergebnis der Rückwirkungen der eigenen Handlungen. Deshalb wird betont, daß wir liebevoll und freundlich handeln sollen, damit zukünftige Rückwirkungen richtig gelenkt werden, Hand in Hand mit der Tilgung des *Pralabdh-* oder Schicksals-*Karmas*.[59]

Du erhältst den Rat, angesichts von Härten ruhiger und geduldiger zu sein. Solche vorübergehenden Phasen der Prüfungen und des Kummers kommen herauf als eine Auswirkung früherer Handlungen und sollten auf diese Weise behandelt werden.[60]

Es ist sicher, daß die Naturgesetze sehr unnachgiebig sind und jede Übertretung bezahlt werden muß, obwohl die Stärke der Rückwirkung in großem Ausmaß zu Füßen eines großen Meisters herabgemildert wird. Jeder muß es sich verdienen und sein eigenes Gefäß reinigen, bevor es mit den Segnungen des Meisters gefüllt wird. Das Glück fällt einem nicht in den Schoß, obwohl die Bemühung im Hause des Meisters mehr Frucht trägt.[61]

Ja, die Philosophie des *Karmas* hat einen bestimmten Platz in der Wissenschaft der Seele. Aber sie sollte nicht zu krankhaftem Trübsinn führen und keine Frustration unter den Initiierten und Nichtinitiierten hervorrufen. Der Mensch ist der Schöpfer seines eigenen Schicksals. Obwohl er die Vergangenheit nicht ändern kann, so kann er doch seine Zukunft schmieden.[62]

Die Vergangenheit ist tot und begraben, und Reue, obwohl sie an sich gut ist, kann nichts heilen noch ungeschehen machen, während die Zukunft hauptsächlich auf den Auswirkungen des vergangenen *Karmas* beruht und in großem Ausmaß von dem beeinflußt wird, was wir in der lebendigen Gegenwart tun. Wenn wir uns also darum bemühen, jetzt in der Gegenwart ein gutes, ehrbares und aufrichtiges Leben zu führen, indem wir die heiligen Gebote der Weisen und Seher befolgen, sollte uns die Vergangenheit wenig kümmern und nichts von der Zukunft uns bedrücken.[63]

Daher müssen wir dem Säen und nicht dem Ernten die rechte Aufmerksamkeit zollen, denn die Ernte kommt von alleine aus dem gesäten Samen. *Guru Nanak* hat so schön gesagt: «Es mag schön und gut sein, sich um Geschehnisse Sorgen zu machen, die gegen den Göttlichen Plan sind (was es natürlich nie geben kann), und das, was bestimmt ist, wird - selbstverständlich - geschehen, trotz unserer Sorge. Lernt die heilige Technik, eine Sache zu einer Zeit zu tun, und das aus ganzem Herzen und mit voller, ungeteilter Aufmerksamkeit. Auf diese Weise werdet ihr in kürzerer Zeit und mit viel weniger Aufwand viel mehr schaffen.» So sagte uns der Meister, daß alles, worum wir uns zu kümmern brauchen, unsere spirituelle Vervollkommnung ist und wir den normalen Gang des zum Schicksal gewordenen *Karmas* als überaus segensreich für die Befreiung der Seele ansehen sollten. Auf diese Weise werden wir einen Zustand fortwährenden Zurückgezogenseins pflegen, der in den heiligen Meditationen hilfreich sein wird.[64]

Es ist eine erfreuliche Sache festzustellen, daß du den alles überragenden Wunsch hast, die Welt, in der du lebst, zu verbessern, daß du dir Gedanken um das Menschengeschlecht machst und deine Erlösung sich selbst überläßt durch gute Taten und reines Leben. Das ist ein sehr ehrenwerter Gedanke. Jedoch der praktische Weg zu dessen erfolgreicher Durchführung ist, daß du selbst zu einer wunderschönen Blume heranwächst und dann, als etwas ganz Selbstverständliches, Duft und Süße an alle verströmst.[65]

«Dienen vor Eigennutz» ist etwas sehr Gutes. Aber oft kennen wir die wahre Bedeutung des Dienstes nicht und leisten mit all unseren wohlmeinenden Absichten in Wirklichkeit einen Mißdienst anstelle des so sehr benötigten

Dienstes, über den wir so leichtfertig sprechen. Solange wir nicht das wahre Selbst in uns entdecken, können wir uns nicht vorstellen, geschweige denn tatsächlich erkennen, daß in anderen genau der gleiche Lebensimpuls wirkt, der im ganzen Universum schwingt. Deshalb wird in erster Linie die Betonung auf die Selbsterkenntnis gelegt, denn sie ebnet den Weg zur Gotterkenntnis, und wenn diese dämmert, sieht man nichts als den Geist Gottes, der in aller Harmonie in jedem Geschöpf wirkt. Der «Dienst an Anderen» nimmt nun eine ganz andere Seite an, wird zur Widmung an den Geist des Universums, der alles in und um euch durchdringt, denn wenn jemand den Menschen in sich selbst erfaßt, dann versteht er die ganze Menschheit.[66]

Jeder Initiierte muß auf den Weg gestellt werden und wird eines Tages seine wahre Heimat in *Sach Khand* erreichen. Jene, die ernsthaft arbeiten und entsprechend den Geboten des Meisters leben, werden schnell voranschreiten, während andere länger brauchen werden, um ihr Ziel zu erreichen.

Die Reise nach Hause ist lang, aber angenehm, und wenn einer die wahre Heimat erreicht, mag er zum Meister erwählt werden. Das ist natürlich ein Auftrag von Gott. Jeder, der nach einem kleinen Fortschritt annimmt, er sei jetzt ein Meister, schadet nur seinem eigenen Interesse. Das ist Ego und sollte vermieden werden.[67]

Einem Meister zu gefallen, ist äußerst schwierig: er steht über Geschenken an Geld, Besitz und weltlichen Gütern. Ihr könnt sein Wohlgefallen auch nicht durch Bitten erlangen. Seine Zufriedenheit könnt ihr erringen durch achtungsvolle Aufmerksamkeit, Gehorsam gegenüber seinen Wünschen, Hingabe und selbstlosen Dienst für die Menschheit.[68]

Dankbarkeit ist eine seltene Tugend. Wegen Freunden und Verwandten setzen wir sogar unseres Meisters Wohlgefallen aufs Spiel, und das kommt von einem Mangel an Dankbarkeit und Glauben.[69]

Kommt das Kind einen Schritt herauf, so kommt Er eine Million Schritte herab, um das Kind abzuholen. Wir sind alle Arbeiter im Weinberg des Herrn. Wir sollten lernen, das Gute in anderen zu schätzen. Das wird uns überall helfen.[70]

Diese drei Dinge werden euch helfen: weniger essen, weniger schlafen und Barmherzigkeit, Vergeben und Liebe üben.[71]

Schwelgt nicht in vergangenen Ereignissen und bemüht euch nicht, ihre vergangenen Freuden heraufzubeschwören, denn auf diese Weise wird insgeheim das Gemüt gefüttert.[72]

Aufschub ist der Dieb der Zeit.[73]

Abtreibung ist eine unnatürliche Handlung und kommt dem Töten gleich. Dazu sollte aus den naheliegenden Gründen karmischer Schulden nicht ermutigt werden.[74]

Wir sollen also:

Aufrichtig und freundlich sein zu jedermann,
ernst und ehrlich zu uns selbst,
gut zu anderen sein und ihnen Gutes tun,
andere glücklich machen,
die Kranken und Leidenden trösten,
den Armen und Bedürftigen dienen,
Gott und Seine ganze Schöpfung lieben:
Menschen, Vierfüßler, Vögel, Reptilien
und selbst die mit dem geringsten Bewußtsein,
sie sind alle Mitglieder der Einen Familie
Gottes.
Es gibt nur eine Gesellschaftsschicht,
eine Religion und einen Gott.
Es gibt nur eine Gesellschaft -
die der Menschheit.
Es gibt nur eine Religion - die der Liebe.
Es gibt nur eine Verhaltensweise -
die der Wahrheit.

*Es gibt nur einen Gott -
den Allgegenwärtigen, den Allwissenden,
den Allmächtigen.
Es gibt nur eine Sprache -
die Sprache des Herzens.*

Familie

Laß dein Heim voll Frieden sein, denn ein friedvolles Zuhause trägt viel zum Fortschritt in den spirituellen Übungen bei. Selbst die Bienen werden in einem lauten Haus herumfliegen, um das Gleichgewicht des Gemütes zu stören. Ich freue mich, daß du fortschreitest. Ich habe Liebe für dich. Jeder Vater wird alles in seiner Macht Stehende tun, dafür zu sorgen, daß seine Kinder sich wohlfühlen.[76]

Wenn ihr Kinder habt oder Vater, Mutter, Frau, Mann, dann seht das Licht Gottes in ihnen. Er hat euch in dieser Beziehung miteinander verbunden, nicht nur als eine äußere Bindung, sondern um in ihnen Gott zu sehen und zu dienen. Wenn ihr das tut, dann wird in euren Beziehungen keine Bindung sein. Bindung entsteht nur, wenn das Ich auftritt und der Herr vergessen wird. Ihr könnt also alle Arbeit der Welt tun, aber lebt wie ein Kompaß, dessen Nadel immer in eine Richtung zeigt. Haltet eure Aufmerksamkeit auf den Herrn gerichtet, denn was ist, wenn die Richtung sich ändert? *Der Geber wird vergessen, die Gaben werden geliebt und der unglückselige Mensch vergißt den nahenden Tod!* Der Mensch geht ganz in der Welt auf - er besteht nur aus «Mir und Mein» und wo «Mir und Mein» sind, da herrscht die Täuschung. «Mir und Mein» spielen eine große Rolle in unserem Leben, aber der Herr selbst hat es so gefügt, und wenn wir alles aus der rechten Perspektive sehen, dann gibt es keine fesselnden Auswirkungen.[77]

Ich habe das Leben eines Familienvaters geführt. Auch ihr solltet in der Welt leben, aber es besteht keine Veranlassung, zu ihrer und eurer eigenen Erniedrigung beizutragen. Frauen im Haus sollten es ordentlich führen mit Sauberkeit und reinlichen Gewohnheiten, sich mit Interesse um die Kinder kümmern und ihrem Gatten von ganzem Herzen dienen. Das ist auch ein *Dharma* (Grundsatz der rechtschaffenen Lebensweise). Wem sein Heim ein Himmel ist, dem ist die ganze Welt ein Himmel. Wie kann jemand hoffen, den Herrn zu erkennen, wenn er einerseits erklärt, Ihm zu dienen, und andererseits die Bedürfnisse der anderen außer acht läßt? Bedeutet das, daß wir Gott in einigen Formen nicht mögen?[78]

Ich habe auch den Leuten im Westen gesagt, daß jedes Heim eine Kirche, einen Tempel, eine *Gurdwara*, eine Moschee - nennt es wie ihr wollt - haben sollte. Dann sollte sich am Morgen und am Abend die ganze Familie, groß und klein, zusammenfinden und an Gott denken. Das Leben der Kinder wird sich ändern und eures auch. Das Vorbild ist immer besser als die Vorschrift, und wenn die Kinder euch das Rechte tun sehen, werden sie euch nachahmen. Wir sind tatsächlich verantwortlich für den Charakter der kommenden Generation, und wenn wir uns nicht ändern, wie können wir dann erwarten, daß diese Charaktere anständig und aufrecht sind? Haltet für eine Weile inne, wo ihr steht, und bedenkt eure Situation. Sucht die wahre Bedeutung, die hinter allen Dingen versteckt ist, und stellt sicher, daß ihr das rechte Verständnis habt.[79]

Bitte erkennt, daß es euer inneres Sehnen und eure innere Neigung sind, die euch gewissermaßen an Händen und Füßen an eure Lieben gebunden halten. Und diese Bindung oder Verblendung macht euch alle Zeit sorgenvoll und unglücklich. Wißt ihr, diese Bande der Zuneigung, die eine Quelle des Glücks sein sollten, werden zu Fesseln der Bindung, denn ihr seid immer im Griff von Ängsten, die, ohne zu übertreiben, eingebildet und grundlos sind. Das Herz ist, wie ihr wißt, der Sitz Gottes. Es ist ein Gut, das uns für einen höheren Lebenszweck anvertraut wurde, nämlich für die Selbsterkenntnis und Gotterkenntnis.

Wo sich das Herz hinwendet, dahin folgt alles andere von selbst. So warnt uns der Meister, daß unsere Aufmerksamkeit nicht beständig auf unsere weltlichen Beziehungen gerichtet sein sollte, weil dies immer Zerstreuung und Störung verursacht.

Ihr wißt sehr wohl, daß die Hindernisse, die dem Initiiertenkind im Wege stehen und sich ihm rücksichtslos in den kostbaren Augenblicken der heiligen Meditationen aufdrängen, die Familienbande sind, die uns immer wieder vom Sitz der Seele, dem Augenbrennpunkt, weg nach unten ziehen. Natürlich müssen wir in der Welt leben, jedoch auf völlig losgelöste Weise, gerade wie eine Lotusblüte, die aus dem Schlamm emporwächst und dennoch ihren Kopf nach oben erhebt und über dem morastigen Tümpel ihre unberührte Reinheit behält.

Auf ähnliche Weise müssen wir uns um die weltlichen Pflichten, die uns anvertraut wurden, kümmern, ohne uns wegen der Sorgen und Kümmernisse unserer Verwandten zu beunruhigen, die unabhängig von uns durch die gnädige Meisterkraft genügend beschützt werden.

Ihr könnt dies durch ein einfaches Beispiel sehr gut verstehen: Ein Mann, der im Zug reist, hat seinen Koffer neben sich auf der Bank stehen. Sowohl der Mann als auch sein Koffer werden vom Zug befördert. Wenn nun einer sich seinen Koffer auf den Kopf stellen würde, wäre er schon ein Narr, denn er würde sich für nichts den Hals brechen. Das ist genau der gleiche Zustand bei den Weltklugen. Gewöhnlich fehlt es uns an Vertrauen in die gnädige Meisterkraft, und so schaffen wir unnötigerweise Probleme, die zu unserer Bindung führen, denn andernfalls würde im gut aufgebauten Göttlichen Plan alles glatt vorangehen. Sicher habt ihr schon bemerkt, daß bewegtes Wasser nichts widerspiegelt. Bemüht euch immer, während ihr in eurer heiligen Meditation sitzt, euer kostbares kleines Selbst zugunsten der gnädigen Meisterkraft aufzugeben, und bereitet dadurch einen empfänglichen Boden dafür, daß die innere göttliche Gnade herabsteigen kann in euch und euch im Überfluß erfüllt.[80]

Ich bedaure den Bruch in der Familie, der durch ein Mißverständnis von seiten deiner lieben Mutter und deines lieben Gatten hervorgerufen wurde. Solche Dinge geschehen manchmal, um die Festigkeit des spirituell Strebenden zu prüfen. Ich schätze deine ruhige Haltung angesichts der Herausforderung; dies wird eine heilsame Auswirkung auf ihre überanstrengten Nerven haben. Die goldene Grundregel für solch eine Situation ist, den Raum zu verlassen und die Atmosphäre für ein Abwägen von Folgen und Wirkungen günstiger werden zu lassen. Ein Glas kaltes Wasser hilft sehr oft, die Erregung abzuschwächen; dazu sollte man Zuflucht nehmen und außerdem kluges Schweigen bewahren. Das ist eine erprobte Arznei zu deiner Führung und kann auch den beiden mitgeteilt werden.[81]

Was deine Haltung gegenüber deinen lieben Eltern betrifft, so nimm bitte zur Kenntnis, daß es deine Pflicht ist, äußerlich und im Herzen bescheiden, höflich und sanft zu sein. Jeder hat die Freiheit, sich seine eigene Glaubensrichtung und Handlungsweise zu wählen, die hauptsächlich durch die vergangene karmische Entwicklung bestimmt wird. Du solltest dich bemühen, dir mehr liebevolle Bescheidenheit einzuschärfen und zu zeigen; dies wird geeigneter dazu sein, deine Größe und die des Heiligen Pfades, auf den du gestellt wurdest, zu beweisen. Du stehst bei ihnen wirklich in der

«Schuld», die am besten durch Dienen und Lieben voller Hingabe abgetragen werden kann. Bitte übermittle ihnen meine Liebe.[82]

Die erwachsenen Kinder sollten es als seltenes Glück einschätzen, wenn sie ihren betagten Eltern in aller Ernsthaftigkeit und Bescheidenheit dienen können, wenn diese viel Fürsorge brauchen.[83]

Frage: Wenn einer seine Verwandten sehr liebt und ihnen das höchste Gut der Welt wünscht, kann er dann zum Meister beten, daß sie initiiert werden, oder ist das ein Schicksal, das vor dem Tod festgelegt ist und das durch nichts geändert werden kann?

Meister: Es ist spirituell stets segenbringend für die Initiierten, wenn sie barmherzige Gefühle ausstrahlen, um die Schritte ihrer Lieben zur Initiation durch den Meister hinzulenken. Das Schicksal jedes Menschen ändert sich jeden Augenblick durch tugendhafte oder gottlose Taten. Der Heilige Pfad der Meister ist für alle und jeden offen. Man sollte jedoch verstehen, daß aufgrund der Entwicklung von seltenem edlem *Karma* vergangener Leben das innere Verlangen der Seele nach spiritueller Erleuchtung stark wird. Diejenigen Lieben, die solche Chancen nutzen, indem sie sich besonders bemühen, werden auf den Heiligen Pfad gestellt, während sich andere treiben lassen und auf eine bessere zukünftige Gelegenheit warten. Es gibt Fälle, wenn auch selten, daß aufrichtige Sucher den Meister innen sahen und die Initiation erhielten, ohne ihn persönlich getroffen zu haben.[84]

Gott hat euch verbunden, einige als Brüder, einige als Schwestern, Mütter oder Väter. Es ist Gott, der euch vereint hat, und ihr solltet euch in rechter Weise verhalten - dies ist eine Sache der Hingabe an Ihn. Da Gott das getan hat und da ihr Gott liebt, zahlt alles ab, so gut ihr könnt. Aber nichtsdestoweniger solltet ihr dabei losgelöst sein wie ein Kindermädchen, das anderer Leute Kind versorgt. Es zieht das Kind auf, aber dennoch weiß es im tiefsten Herzen, daß es nicht sein Kind ist. Es tut dies, um seinen Lebensunterhalt zu verdienen. Ähnlich sollten wir in der Welt sein, unsere Schulden begleichen, jene lieben, mit denen wir etwas auszugleichen haben, denn Gott hat uns verbunden; aber trotz alledem sollten wir abgeschirmt bleiben. Wir werden nur abgeschirmt sein, wenn wir in uns selbst ruhen.[85]

So solltest du bitte eine liebevolle und geduldige Ehefrau und Mutter für deinen lieben Mann und deine lieben Kinder sein. Tue nichts, was sie aufbringt oder verletzt. Beteilige dich mit ihnen an eurem Familienleben, welches einschließen sollte, daß du dich mit ihnen zum Essen an den Tisch setzt. Sei äußerlich deinen weltlichen Verpflichtungen in jeder Weise ergeben, aber sei innerlich und stillschweigend mit Gott verbunden.[86]

Ehe

Zu heiraten bedeutet, einen Lebensgefährten anzunehmen. Beide sollten während des irdischen Aufenthaltes in Wohl und Wehe zueinanderstehen und beide sollten den Herrn finden. Eine der Pflichten mag es sein, Kinder zu zeugen. Dafür haben die Schriften festgelegt, daß jene Kraft zum Zeugen von Kindern benützt werden sollte und die körperliche Vereinigung nach der Empfängnis und während der Stillzeit zu vermeiden ist. Auf diese Weise werden sowohl Kind und Mutter als auch der Vater gesund sein. Die meisten der Krankheiten, unter denen die Menschen leiden, werden auf diese Weise ausgelöscht werden. Die Heiligen sagen, wenn schon Kinder geboren werden müssen, dann laßt sie entweder Heilige, Helfer und Diener der Armen und Bedürftigen oder Tapfere werden, die die Elenden und Schwachen beschützen können.

Die Heiligen führen ein ideales Eheleben, und wenn sie diese Aufgabe (als Heilige) übernehmen, dann beenden sie jene Lebensweise. Das Eheleben ist also kein Hindernis für die Spiritualität, wenn es in Übereinstimmung mit den Schriften geführt wird. Die Lebenspartner werden in ihrem eigenen spirituellen Interesse, zu ihrem spirituellen Besten angewiesen, Keuschheit zu beachten, indem sie durch gegenseitiges Zusammenwirken ein gemäßigtes Leben führen. Die verschiedenen Spalten im Tagebuchblatt sind wesentlich für diejenigen, die nach und nach Besserung suchen. Man lernt durch Selbstprüfung und sorgfältige Lebensweise. Den Lieben wird nicht verboten, zu heiraten und ein Heim zu haben. Aber sie sollten ein ideales Familienleben haben, gewürzt mit der göttlichen Gnade der Meisterkraft. Die Jugendlichen sollten gebeten werden, vor der Heirat ein keusches Leben zu führen, denn Keuschheit ist Leben, und Sexualität ist Tod. Eine Lampe brennt hell, wenn sie Öl in sich hat, wenn aber alles Öl ausgelaufen ist, wie kann es dann Licht geben? Ein Leben der Selbstkontrolle macht Körper und Verstand stark.

Eine halbherzige, vom Weg abweichende Bemühung oder ein leichtes Nachlassen im Beachten der ethisch-moralischen Gebote, die in Übereinstimmung mit den ehrwürdigen Lehren des Heiligen Pfades sind, richtet leicht Schaden an. Normale Verbindung und Gemeinschaft bringt Verhaftetsein hervor. Ist die Beziehung aber mit göttlichem Duft gewürzt und wird sie im Namen des Meisters genossen, dann muß dies eine viel tiefere Auswirkung haben. Das Verhältnis zum anderen Geschlecht hat einen sehr festen Griff um beide Partner, wenn der Liebreiz zu zunehmender Verblendung und Bindung führt. Ein leichtes Ausgleiten, und die gegenseitige Anziehung ist zu stark, um ihr zu widerstehen. Dies kann viel Unheil verursachen, wenn die Lieben hinabgeschleudert werden in den Abgrund der Sinnesbefriedigung.

Göttliche Liebe und Sex sind entgegengesetzte Pole. Sex ist nicht nur sündig, sondern auch ein ernsthaftes Hindernis auf dem Heiligen Pfad. Erst durch lange währende Bemühung kann man einen gewissen Erfolg im Führen eines reinen, keuschen Lebens erwarten. Dieser Aspekt des Lebens sollte bitte von den alten *Satsang*-Mitgliedern berücksichtigt werden, damit sie die «jungen Knospen» im höheren Interesse ihres spirituellen Fortschritts führen können.[87]

Die ruhige und klare Liebe zwischen den Lebenspartnern beginnt im Fleisch und endet schließlich in der Seele. Sie ist eine Bindung, um ein höheres Lebensziel und die letztendliche Befreiung vom Rad der Geburten zu erreichen. Sie ist vielmehr ein Leben voll spiritueller Glückseligkeit und Hingabe und dient als sicherer Schutz gegen die Ungerechtigkeiten der Gesellschaft.[88]

Ihr beide solltet als die zwei Räder eines Wagens dienen, mit dem ihr auf dem Weg zurück zu Gott fahrt. Meine Liebe und meine besten Wünsche begleiten euch.[89]

Frage: Bitte erzähle uns etwas über die Hilfe, die initiierte Ehepartner einander geben können, um die körperlichen, mentalen und gefühlsmäßigen Energiefelder des einzelnen auszugleichen und zu harmonisieren und dadurch die Empfänglichkeit für *Shabd* zu erhöhen. Das könnte für die neuen Schüler sehr inspirierend sein, genau wie für die schon auf den Pfad gestellten.

Meister: Die Ehe ist ein Sakrament und bedeutet eine Lebenspartnerschaft im Wohl und Wehe während dieses irdischen Aufenthalts. Es ist ein seltenes Geschenk des Meisters, wenn beide Lebenspartner gerade Initiierte sind. Beide sollten einen tieferen Sinn für liebevolle Zusammenarbeit und Toleranz für die Rechte des anderen zeigen und sich

einprägen. Die Aktivitäten in den körperlichen, mentalen und moralischen Bereichen sollten in Schach gehalten werden und unter Kontrolle stehen, damit sie in ihrem Streben nach fleischlicher Befriedigung die Seele nicht erniedrigen.
In Sünde zu fallen ist menschlich, aber darin zu verharren ist teuflisch. Die lebenswichtige sexuelle Energie sollte vernünftig umgewandelt und verfeinert werden, indem man Selbstbeherrschung und Keuschheit übt. Das Zeugen von Kindern ist eine der legitimen Aufgaben der Ehe. Die Schriften schreiben vor, daß man diesem heiligen Zweck dienen soll, wenn und falls sich eine solche Notwendigkeit ergibt. Das Paar, das ein derart diszipliniertes Leben führt, wird einen Trumpf für den spirituellen Fortschritt darstellen.[90]

Es kommt von der Entwicklung vergangenen *Karmas*, daß Menschen mit verschiedenen Temperamenten in den unverletzlichen Banden der heiligen Ehe miteinander verbunden werden, um ihr Geben und Nehmen zu erledigen. Alle Anstrengungen sollten unternommen werden, um die Beziehung zu festigen. Du solltest dich bemühen und deinem Gatten gegenüber gehorsamer und dienstbereiter sein. Liebevolle Hingabe und Achtung für die Gefühle des anderen werden mehr rechtes Verständnis und Harmonie hervorbringen. Ihr seid mir beide lieb, und ich wünsche euch beiden, miteinander glücklich zu sein und einander zu helfen, Gott zu erkennen und das höchste Ziel des menschlichen Lebens zu erfüllen. Meine Segenswünsche begleiten euch.[91]

Es ist falsch zu glauben, du hättest den falschen Partner geheiratet, denn es entspricht genau dem Göttlichen Plan, daß ganz bestimmte Leute miteinander verheiratet werden - aus karmischen Gründen.[92] Zwei Menschen werden durch die unsichtbare Hand Gottes zusammengebracht. Wen Gott vereint, den soll keine weltliche Macht trennen. Ihr seid eine Seele in zwei Körpern.[93] Paulus sagt: «Es ist die unsichtbare Hand Gottes, die Mann und Frau verbunden hat und die erstere dem letzteren und den letzteren der ersteren gegeben hat.» Deshalb solltet ihr darauf achten, einander zu lieben und ein reines, spirituelles Leben zu führen. Laßt keine irdische Kraft einen vom anderen trennen, die durch die unsichtbare Hand Gottes vereint wurden. Wir sollten von Scheidung nicht träumen. Ich stelle fest, daß ihr einander noch liebt. Liebe kennt nur opfern und geben - kann denn nicht eure Liebe füreinander euch in höchstmöglichem Ausmaß tolerant machen für die Ansichten des anderen und dazu veranlassen, gemeinsam für ein höheres Ziel und Lebensideal zu arbeiten?[94]

Was deine Frau betrifft, so behandle sie bitte mit Liebe und Toleranz. Wenn sie langsam den wahren Wert des höheren Lebens verstehen lernt, wird sie beginnen, deine Bemühung auf diesem Gebiet zu schätzen. Bis es soweit ist, gibt es keinen Grund, übel gelaunt zu sein. Sie spricht von ihrem jetzigen Verständnis aus; wird dies angehoben, wird sie verständiger werden; sie braucht also deine Liebe und Nachsicht, um sich zu überzeugen. Haß bringt keine Verbesserung von etwas Schlechtem. Es ist die Liebe, die bessert, also gib ihr immer mehr deine Liebe.[95]

Es kommt durch die Entwicklung vergangenen *Karmas*, daß Menschen unterschiedlichen Temperaments durch die Bande der Ehe miteinander verbunden werden, um ihr Geben und Nehmen zu erledigen.[96] Karmische Schuld manch verwickelter Art ist zu begleichen und es ist vernünftig, daß sie bezahlt wird, solange man im physischen Gewand ist, damit es auf dem Weg im Innern keinen Aufenthalt gibt.

Wellen des Mitgefühls ziehen die Auswirkungen des *Karmas* des Lebenspartners oft auf sich. Außerdem trägt die richtige oder falsche Art der Liebe von Mann und Frau viel dazu bei, den beiderseitigen Fortschritt bei der spirituellen Aufwärtsentwicklung zu unterstützen oder zu verzögern. Das kannst du im täglichen Leben beobachten.[97]

Du solltest deinem Gatten gegenüber gehorsamer und dienstbereiter sein. Auf diese Weise wirst du ihn für dich gewinnen. Liebe und Bescheidenheit überwinden alle nur möglichen Schwierigkeiten. Bitte, übermittle ihm meine Liebe.[98]

Ich habe deine Bemerkungen in bezug auf deinen lieben Gatten zur Kenntnis genommen. Er ist mir so lieb, und ich wünsche ihm allen spirituellen Fortschritt. Deine Haltung ihm gegenüber sollte von Dienen und Freundlichkeit geprägt sein. Du darfst deine Beherrschung nicht verlieren. Sei geduldig und rücksichtsvoll. Alle spirituell Strebenden sollten sich besondere Toleranz sowie Demut in ihrem Benehmen zu eigen machen und zeigen. Auf diese Weise werden die anderen erkennen, daß ihr zum Lebenden Meister gehört. Ein ausgewogenes Gemüt läßt sich nicht gleich durch die leichteste Herausforderung reizen und verärgern. Man lernt im Wasser schwimmen, und unser tägliches Leben sollte auf so eine Weise gestaltet sein, daß wir uns vornehmen, täglich etwas Neues zu lernen. Geduld, Demut und die Eigenschaft des Verzichts auf den egoistischen Willen sind die edlen Tugenden, die im Leben der Initiierten herausragen sollten. Du wirst auf diesem Gebiet zur rechten Zeit Fortschritte machen.[99]

Über Kindererziehung

Ich habe von deinen wundervollen Kindern gelesen. Kinder zu erziehen ist eine tugendhafte Pflicht. Die Kleinen ahmen ihre Eltern nach. Diese sollten Frieden, Harmonie und Reinheit ausstrahlen, indem sie ein diszipliniertes Leben voll spiritueller Schönheit führen. Die selbstsichere Haltung des lieben ... zeigt die Größe seiner Seele. Selbstsicherheit ist die angeborene Eigenschaft der Seele, die in Miniaturausführung ganz und gar göttlich ist. Dieses freundliche Gefühl ist am hervorstechendsten bei vielversprechenden Persönlichkeiten, die eine angemessene Umgebung erben, welche für ihren spirituellen Fortschritt äußerst hilfreich ist. Darüber, daß er so spät lernt, sich anzukleiden oder zu sprechen, brauchst du dir keine Sorgen zu machen. Was seine Bedürfnisse betrifft, sollten sie so liebevoll wie möglich erfüllt werden, soweit sie gerechtfertigt sind und zu seiner Erziehung passen. Die kindlichen Gefühle sollten in keiner Weise verletzt werden. Durch die unumschränkte Liebe der Eltern zu den Kindern werden diese kühn, tapfer und wagemutig in ihrem Leben. Du mußt eine zärtliche und standhaft strenge Mutter sein in deiner Liebe und Disziplin gegenüber deinen Kindern. Deine gute Tat, dich regelmäßig mit ihnen zur Tonmeditation zu setzen, wird anerkannt und wird für ihr spirituelles Wachstum förderlich sein. Bitte, übermittle ihnen meine Liebe.[100a]

Du magst bitte versuchen, ihr die Dinge, die sie stehlen könnte, im Überfluß zu geben. Du wirst feststellen, wenn alles für sie da ist, wird die Neigung, sich etwas durch Stehlen zu verschaffen, in kurzer Zeit überwunden werden. Gleichzeitig kannst du ihrem Gemüt einprägen, daß alles und jedes, was sie auch haben möchte, ihr gegeben wird.[100b]

Die Zuneigung der Mutter für das Kind ist angeboren und sollte nicht als unkeusch mißdeutet werden. Dein wiederholter Wunsch, deinen Sohn in die Arme zu nehmen, ist ein natürlicher, menschlicher Instinkt. Du solltest wissen, daß die Mutterliebe ein innerer Impuls ist und sehr zur gesunden Aufzucht des Kindes beiträgt. Jede Seele, die in diese Welt kommt, genießt eine solche liebevolle Fürsorge und Zuneigung, die ein Gefühl von Tapferkeit und Kühnheit entstehen läßt. Deine heiligen Instinkte werden dem Kind eingegeben und ermöglichen ihm, heranzuwachsen. Das Kind wird - mit der Gnade des Meisters - ein gesunder Gefolgsmann werden.[100c]

Wenn die Kinder Fehler machen, dann appelliere voll Liebe und achtsamen Verständnisses an ihre feineren Instinkte. Die Nerven zu verlieren, zu schreien und tätlich zu werden, wird sie nur durcheinanderbringen. Sie werden so nicht begreifen, was sie falsch gemacht haben. Nimm dir Zeit, es ihnen zu erklären, selbst drei- oder viermal. Dann wird es sich schließlich auswirken.[101]

Wenn ihr ein oder zwei Kinder haben wollt, so ist das gut und schön. Aber versorgt sie ordentlich und verhelft ihnen dazu, etwas Gutes zu werden. Gebt ihnen ein würdiges Beispiel und seid euch der Verantwortung der Elternschaft immer bewußt. Des weiteren sollte sich die Familie zusammenfinden, um das Lob des Herrn zu singen.[102]

Schutz für Familie und Freunde

Versuche zu verstehen, daß Gott an all Seinen Kindern Anteil nimmt und daß Er selbst sich um all die Lieben in deiner Familie kümmert. Bemühe dich, dir keine Sorgen um sie zu machen. Je mehr du dich deinen Meditationen hingibst, desto mehr wirst du ihnen allen von Hilfe sein.[103]

Der Meister kümmert sich nun um all diejenigen, die dem Schüler liebend nahe sind, er beschützt sie und sorgt für ihr Bestes.[104] Die Verwandten von Initiierten bekommen Hilfe von der Meisterkraft entsprechend der Liebe, die der Initiierte dem Meister und die die Verwandten wiederum dem Initiierten entgegenbringen. Selbst die Seelen, die die irdische Ebene schon verlassen haben, erhalten in der angegebenen Weise die mögliche Hilfe.[105]

Den Nahen und Lieben der ernsthaften Initiierten wird der nur mögliche Schutz für das Jenseits zugesagt, selbst wenn sie gestorben sind, lange bevor die Initiierten eingeweiht wurden.[106]

Ernährung

Unser allererstes Problem ist also die Nahrung, denn die Art der Nahrung bestimmt den Zustand von Körper und Gemüt.

Rechte Art der Nahrung,
auf rechte Weise erworben,
richtig genossen

ist in dieser Beziehung sehr hilfreich.

Aus diesem Grunde muß man sich das tägliche Brot im Schweiße seines Angesichts erwerben, wie es heißt, und darf nicht von den Einkünften anderer abhängig sein. Um unseren Lebensunterhalt zu verdienen, müssen wir einer ehrenhaften, nützlichen Beschäftigung nachgehen, sei es eine körperliche oder geistige Arbeit. Auf jeden Fall muß sie frei sein von Hinterlist, Schwindel, Böswilligkeit und Feindseligkeit, denn das karmische Gesetz ist in seinem Wirken unerbittlich. Jede Handlung führt zu einer Rückwirkung, und auf diese Weise läuft eine Kettenreaktion ab. Daraus ergibt sich die Notwendigkeit für einen ehrenhaften Lebensunterhalt, wenn er auch ärmlich sein mag. Reichtümer erwirbt man nicht durch ehrenhafte Beschäftigung. Reichtum wächst aus den Seufzern der Armen und Unterdrückten, der Holzsammler und Wasserträger und gedeiht durch das Herzblut unserer Mitmenschen. Deshalb dürfen wir auch nicht auf reichhaltiges Essen und Leckereien aus sein, denn sie gehen mit Ausbeutung einher und sind befleckt vom unsäglichen Unglück der Niedrigen und werden uns schließlich auch elend machen.[107]

Nahrungsmittel lassen sich in drei Arten einteilen:

1. *Satvik*: Reine Nahrung: Milch, Butter, Käse, Reis, Hülsenfrüchte, Getreide, Gemüse, Früchte und Nüsse
2. *Rajsik*: Anregende Speisen: Pfefferarten, Pikantes, Gewürze, Saures und Bitteres
3. *Tamsik*: Schwächende Speisen: Abgestandenes und Verdorbenes, Eier, Fleisch, Fisch, Geflügel, Alkohol, usw.

Von den genannten Arten sollten wir immer *Satvik* oder reine Nahrung vorziehen. Sie bewirkt viel Gutes. Und selbst davon sollten wir etwas weniger essen als wir Appetit haben. Wenn wir besonders schmackhafte Speisen bekommen, sind wir versucht, mehr zu essen als tatsächlich erforderlich ist. Dieses zusätzliche Essen erweist sich - anstatt zusätzlich Gesundheit und Energie zu spenden - als verhängnisvoll. Nahrung, die nicht richtig verdaut und ins Körpersystem aufgenommen wird, verursacht Krämpfe und Schmerzen und führt in manchen Fällen sogar zu Cholera, und man muß mit dem Leben bezahlen. «Überfordere den Motor deines Magens nicht», sonst fällst du leicht der Übelkeit zum Opfer. Ein Übermaß, selbst von dem, was gut ist, erweist sich manchmal als schädlich. Eine Mäßigung in Lebens- und Genußmitteln unterstützt das Wachsen der Lebenskräfte im Menschen.[108]

Frische Luft ist der wesentliche Teil unserer Nahrung. Man sollte in tiefen Zügen einatmen, den Atem kurz anhalten und dann wieder vollständig ausatmen, um alle Unreinheiten des Körpers hinauszuschicken. Außerdem sollte man viel reines Wasser trinken und Obstsäfte, um das ganze System durchzuspülen und sich zu reinigen. Aber meidet alle Arten von scharfen und anderen Spirituosen, Likören und berauschenden Getränken, denn sie machen das Gehirn und den Verstand kränklich. Getreide und Früchte sollten unsere normale und hauptsächliche Nahrung bilden.[109]

Satvik-Nahrung hält Kopf und Herz frei von allen Arten von Unreinheiten.[110] Die untersagten Nahrungsmittel heizen die fleischlichen Wünsche an.[111]

Frage: Alkohol ist den Initiierten nicht erlaubt. Gilt das auch für solche Fälle, wo er auf ärztlichen Rat zur Wiederherstellung der Gesundheit angewandt werden soll?

Meister: Ein gewisser Prozentsatz befindet sich in allen medizinischen Zubereitungen für ihre Haltbarkeit. Der Einnahme solcher Arzneimittel steht nichts im Wege. Alle homöopathischen Mittel sind in Alkohol gelöst. In beiden Fällen entsteht keine Berauschung. Aber Alkohol als solchen einzunehmen, aus gesundheitlichen Gründen, selbst wenn er von Ärzten als Arznei verschrieben wird, ist verboten, denn jede Handlung bewirkt eine Rückwirkung, und keine Menge von Alkohol kann das Leben verlängern, nicht einmal einen Augenblick, wenn kein Sand mehr im Stundenglas ist. Glaubst du, daß der Alkohol den Vorgang aufhalten kann? Und wenn nicht, warum sollte man die Pein verlängern, indem man Schädigendes anwendet?[112]

Die Nahrung ist, wie ihr wißt, für den Menschen da und nicht der Mensch für die Nahrung. Wie von allen anderen Dingen des Lebens müssen wir vom Essen den besten Nutzen ziehen. Wer ein Sklave des Gaumens ist, kann nichts Nützliches vollbringen. Durch ernsthafte Herrschaft über den Gaumen können wir unseren gesamten körperlichen und mentalen Aufbau beherrschen. Eine einfache Ernährung ist nahrhafter, gesundheitsfördernder und der spirituellen Entwicklung dienlicher als alle sogenannten Delikatessen, die die moderne Küchenkunst bietet. Sie wird immer ein behagliches Gefühl und eine heitere Stimmung schenken und euch ermöglichen, innerhalb der Grenzen eurer eigenen Mittel zu leben, und seien sie noch so beschränkt, ohne die Hand vor anderen ausstrecken zu müssen.[113]

Sheikh Saadi, ein großer mystischer Dichter aus Shiraz in Persien, predigte immer, daß man den Magen in vier Teile einteilen soll: zwei Teile, um darin eine begrenzte Menge einfacher Nahrung aufzunehmen, ein Teil für reines klares Wasser und ein letzter, der dem Licht Gottes vorbehalten bleibt.[114]

Leichte Mahlzeiten am Abend sind wesentlich für den spirituell Strebenden. Was den Schlaf betrifft, so sind sechs Stunden Ruhe mehr als genug für einen normalen und gesunden Menschen.[115]

Je regelmäßiger unser Leben verläuft, desto besser wird unsere Gesundheit sein. Alle Lebensabschnitte werden vom Meister bewacht, um den Menschen zu helfen. Wenn ihr einfache Nahrung zu euch nehmt und nur so viel eßt, wie verdaut werden kann, werdet ihr gesund sein. Eßt ihr mehr als ihr verdauen könnt, ist das Ergebnis, daß ihr nicht sitzen könnt, nicht klar denken könnt, daß ihr keine Zeit (für die Meditation) einsetzen könnt, daß ihr träge seid. Eine einfache Lebensweise, einfaches Essen und hohe Gesinnung sind also erforderlich. Ihr solltet nur das essen, was wirklich eine Notwendigkeit ist. Übereßt euch nicht! Überessen macht euch faul und träge. Ihr werdet immer alles aufschieben. Ihr werdet sagen: «Nein, ich werde es später tun, laßt mich erst ausruhen.» Das kommt daher, daß der Magen nicht in Ordnung ist.[116]

Es ist die moralische Pflicht der Hausfrau, wenn sie die *Satvik*-Nahrung zubereitet, das Herz ganz in liebendes Denken an den Herrn vertieft zu haben. Eine Mahlzeit, die auf diese Weise zubereitet wurde - die Gedanken im Geliebten verankert, die Hände mit der Arbeit beschäftigt - wird zu himmlischem Manna und ein Segen für alle, die daran teilhaben. Der große Meister, *Hazur Baba Sawan Singh Ji Maharaj*, nannte uns oft den Vergleich mit einem indischen Bauern, der mit den Händen am Pflug seelenbezaubernde Loblieder an seine Geliebte sang. Genauso sollte unsere Haltung in diesen Dingen sein.[117]

Krankheit

Die körperlichen Leiden entstehen als ein Ergebnis aus den Rückwirkungen vergangenen *Karmas* und müssen wohl oder übel ertragen werden, obwohl viel der Stärke und Dauer durch die liebevolle Gnade der barmherzigen Meisterkraft, die oben wirkt, abgemildert wird. Das unumgängliche Minimum, das nicht erlassen werden kann, muß unter dem gnädigen Schutz des Meisters durchlebt werden.[118]

Als *Baba Sawan Singh Ji*'s Bein gebrochen war, enthüllte ihm *Baba Ji* (*Jaimal Singh*, sein Meister), daß dies nicht das Ergebnis eines bloßen Unfalls war, sondern von vergangenen *Karmas*, deren Frucht nicht vermieden werden konnte. Aber sein Leiden, wenn auch nicht ganz gelöscht, wurde durch das Eingreifen seines *Satgurus* gemildert. «Was jetzt an Leiden auf Dich zugekommen ist», schrieb *Baba Ji*, «ist nur ein Fünftel; vier Teile wurden Dir erlassen», und fuhr fort:

> *«Leiden und Schwierigkeiten sind verkleidete*
> *Segnungen, denn sie sind vom Herrn gesandt.*
> *Wenn uns Schmerz Nutzen bringt,*
> *schickt Er Schmerz;*

> *wenn Freude, schickt Er Freude.*
> *Freuden und Schmerzen sind Prüfungen*
> *unserer Stärke, und wenn einer nicht wankt*
> *und nicht weicht, dann segnet der Allmächtige*
> *solche Seelen mit Naam.»*

Ganz gleich, welche Schwierigkeiten seine Schüler heimsuchten, *Baba Ji* riet ihnen, guten Mutes zu sein. Je eher ihre Konten ausgeglichen waren, desto besser, und in der Stunde der Prüfung war besondere Gnade für sie da:

> *«Krankheit und Freuden sind die Früchte*
> *vergangener Taten. Allen, die krank sind,*
> *wird besondere Gnade gewährt. Sie sollten*
> *sich deshalb keine Sorgen machen und es mit*
> *Gleichmut tragen. Während des Leidens wandert das Gemüt nicht und wendet sich in*
> *Sorgen bereitwillig dem Bhajan (Hören auf*
> *den inneren Ton) zu. So sind also die Zeiten*
> *der Krankheit ein Segen, weil das Gemüt dem*
> *inneren Hören zugewandt wird. Dies ist ein*
> *besonderes Geschenk für Satsangis.*
> *Immer wenn dich also Krankheit und Schmerz*
> *heimsuchen, nimm sie an als den Willen des*
> *Herrn und widme dich deinen spirituellen*
> *Übungen. Solange die Aufmerksamkeit in*
> *Shabd Dhun (Tonstrom) verankert ist, wird*
> *der Schmerz nicht gefühlt ...*
> *Heißt es nicht: 'Vergnügen ist die Krankheit*
> *und Schmerz das Heilmittel.'»*[119]

Wenn Heilige scheinbar krank sind, sieht man, daß sie auch Arznei einnehmen, wie vom Arzt verschrieben, aber in Wirklichkeit brauchen sie eine solche Behandlung nicht. Sie tun das nur, um die weltliche Ordnung der Dinge aufrechtzuerhalten. Auf diese Weise geben sie den Kranken ein Beispiel, daß sie ihre weltliche Routine klug weiterführen und sich der rechten Behandlung unterziehen, wann immer es notwendig ist. Natürlich wird von den Schülern erwartet, daß sie sich auf solche Arzneimittel beschränken, die keinerlei Bestandteile von tierischen Quellen enthalten; aber einige Schüler, die einen unerschütterlichen Glauben in die hilfreiche Kraft des Meister-Heilenden im Innern haben, vermeiden gewöhnlich die sogenannten Heilmethoden und erlauben der Natur selbst zu wirken, denn die heilende Kraft im Innern ist ein wesentlicher Bestandteil des menschlichen Körpers. Die körperlichen Störungen sollten, so wie sie kommen, angenommen und freudig ertragen werden, denn sie sind gewöhnlich das Ergebnis unserer eigenen Ernährungs-Irrtümer und können durch rechte hygienische Maßnahmen und ausgewählte Nahrungsmittel wieder in Ordnung gebracht werden. Hippokrates, der Vater der Medizin, betonte, daß die Nahrung als Arznei zu nehmen sei. Selbst ernsthafte Krankheit, die aus karmischen Rückwirkungen resultiert, muß mit Geduld und ohne Murren und Bitterkeit ertragen werden, denn alle karmischen Schulden müssen bezahlt und die Konten hier und jetzt beglichen werden. Je schneller dies getan wird, desto besser ist es, anstatt noch irgendwelche offenen Posten zur Bezahlung für später aufzubewahren. Aus der Zeit von *Hazrat Mian Mir*, eines großen mohammedanischen Ergebenen und Mystikers, wird erzählt, daß *Abdullah*, einer seiner Schüler, als er krank darniederlag, seine Sinnesströme zum Augenbrennpunkt zurückzog und sich sicher in die Zitadelle des Friedens einschloß. Sein Meister, *Mian Mir*, besuchte *Abdullah* und zog ihn ins Körperbewußtsein herab und gebot ihm, das zu bezahlen, was er schuldete, denn er könne sich nicht unendlich lange mit solcher Taktik dem Ausgleich entziehen.[120]

Widrigkeiten

Der Lebensplan jedes einzelnen von uns wurde bereits vom «Großen Planer» vorgezeichnet, und was wir sehen und erleben, ist nichts als ein Entfalten des Göttlichen Planes, das - richtig verstanden - mit feinster Genauigkeit vollzogen wird. Es sollte aber als sicher angenommen werden, daß alle Dinge zum Guten werden für diejenigen, die Gott lieben. Da ihr alle unmittelbar mit der sich zum Ausdruck bringenden Gotteskraft im Innern verbunden seid, steht ihr nicht unter dem Gesetz, sondern unter Seiner Gnade, und zwar bis ins kleinste Detail. Auf diese Weise wird die Ernsthaftigkeit, Schwere und Dauer der Prüfungen und Drangsale des Lebens, was sie auch seien, durch die Meisterkraft der Situation entsprechend und gnädig gemildert und abgeschwächt. Habt einfach mehr tiefen Glauben in die übergeordnete Kraft in euch, denn zweifelsohne wird sie euch zu Hilfe kommen, euch auf rechte Weise leiten und euch herausführen aus den anscheinend unmöglichen Situationen, und zwar auf so überragende Art und Weise, wie ihr sie euch unmöglich vorstellen könnt.[121]

Die physischen Körper aller unterliegen der Veränderung und werden leicht durch das Essen, klimatische Bedingungen, Jahreszeiten, Alter und dergleichen beeinflußt. Die Gesetze der Natur beeinträchtigen jedermann in gewissem Grade, entsprechend des Ausmaßes des Wissens über sie, oder ob man sie befolgt oder nicht. Ein ergebener Schüler, der einfach und bedachtsam lebt und all sein Vertrauen in die Meisterkraft setzt, braucht sich um karmische Situationen nicht zu sorgen, selbst wenn sie zum jeweiligen Zeitpunkt unerträglich erscheinen. Liebevolle Hingabe zum Meister hat noch immer die schwierigsten Umstände ertragen lassen. Die Meditation ist das Wichtigste und darf nicht vernachlässigt werden. Aufschub ist der Dieb der Zeit. Das Gemüt liebt von Natur aus auch den Müßiggang und man sollte ihm nicht erlauben, eine Vernachlässigung dessen, was man sich im Leben vorgenommen hat, zuzulassen. Soviel Zeit wie irgend möglich sollte dieser Aufgabe gewidmet werden.[122]

Der göttliche Wille wirkt zum spirituellen Nutzen der Lieben, und glücklich sind diejenigen, die sich Seiner Gunst überlassen und das Wohl und Wehe des Erdenlebens freudig annehmen und es als hilfreich für ihren spirituellen Fortschritt ansehen. Jeder Tag bringt ungeahnte Möglichkeiten für Gutes und Fortschritt für einen klugen, weisen Menschen, sich in der göttlichen Form bilden zu lassen. Der Verstand ist eine Hilfe, aber er ist auch ein Hindernis. Der menschliche Intellekt fällt Irrtum und Zweifel zum Opfer, die ein schwaches Gemüt heimsuchen. Das heilige *Naam* ist das Brot und das Wasser des Lebens, das euch gegeben wurde. Diese beiden sollten liebevoll und regelmäßig gegessen und getrunken werden, um die Seele zu stärken. Immer wenn ihr gerade von negativen Gedanken heimgesucht werdet, sprecht sogleich die fünf geladenen Namen und denkt liebevoll an den Meister, und ihr werdet mit sofortigem Schutz gesegnet.[123]

Manchmal geschieht es, daß uns etwas widerfährt, was wir nicht für gut halten. Aber das, was uns da begegnet, ist ein Heilmittel, um uns zu kurieren, damit wir etwas Höheres erlangen. Man lernt im Wasser schwimmen und nicht auf trockenem Land. Wenn ihr euch diesen Blickwinkel aneignet, habt ihr euer Auge geöffnet, um die Dinge im rechten Licht zu sehen.[124]

Körperliche Schwierigkeiten kommen zeitweise durch die Rückwirkungen der vergangenen *Karmas* auf und das Schülerkind ist gezwungen, sich zum Nutzen des spirituellen Fortschritts einem Reinigungsprozeß zu unterziehen.[125] Aus den Widrigkeiten des Lebens kann man viele gute und nützliche Lektionen lernen.[126]

Den Stürmen des Lebens, wie schlimm sie auch sind, muß man entgegentreten, aber mit vollkommenem Vertrauen in die Meisterkraft, die oben wirkt, und indem man versucht, in der Meditation regelmäßig zu sein und alle Hoffnung in Ihn zu setzen. Dies verringert die Stärke des Sturmes und bringt Hoffnung und Freude. Die Stürme sind vorübergehende Phasen; sie kommen und gehen.[127] Es ist der Inbegriff rechten Verstehens, zufrieden zu sein mit allem, was da kommt, denn alles ist ausnahmslos mit göttlicher Gnade angereichert und dient unserem spirituellen Nutzen.[128]

Stilles Leiden stärkt den Charakter und trägt reichen Lohn.[129]

Ich bedauere die sorgenvollen Umstände, die dich überwältigen und mentale Schmerzen und Störungen verursachen. Das unausweichliche Gesetz des *Karmas* wirkt, und viel der Stärke und Dauer des Leids wird durch das Eingreifen der gnädigen Meisterkraft gemildert und verkürzt. Das so zu sehen, ist alles, was du tun kannst, und wenn du es tust, wirst du eine neue Einstellung zu deinen Problemen finden und die Ergebnisse freudig akzeptieren, weil du weißt, daß es vorübergeht.[130]

Wenn der Herr aus dem Leben eines Menschen ein großartiges Gedicht machen will, dann schickt Er ihn in die Schule der Entbehrungen, Sorgen und Schwierigkeiten, und die ganze Zeit hält Er Seine schützende Hand über ihn, damit er unverletzt hindurchkommt.[131]

Wäre der Teufel tot, würde der Mensch wenig für Gott tun. Ein Mensch, der im Schatten eines drohenden Unglücks lebt, lebt am besten, denn er bemüht sich am meisten.[132]

Angst ist nicht gut und sollte abgelegt werden, indem du deine Sorgen der allgegenwärtigen gnädigen Meisterkraft, die über dir wirkt, übergibst. Angst beruht immer auf einer unbekannten Befürchtung und man sollte sie geradeheraus anschauen, dann wird sie im Nu fliehen, denn sie ist ein Ergebnis deiner selbstgeschaffenen Frustration.[133]

Wir sollten beständig auf der Hut sein, um nicht zu stolpern und zu fallen, wenn Hindernisse auf dem Weg kommen. Selbst wenn ihr fallt, laßt euch durch einen solchen Sturz in keiner Weise aus dem Gleichgewicht bringen - erhebt euch wieder und setzt euren Weg mit Geduld und Ausdauer fort, in vollem Vertrauen in den Meister, der über eurem Haupte wirkt.[134]

Selbst wenn es so aussieht, als würde das Gebet das Unglück nicht abwehren können, so hat es dennoch die Kraft, ihm den Stachel zu nehmen. Mit der inneren Umwandlung kommt auch ein Wandel im Blickwinkel zustande, welcher die Betrachtungsweise des Lebens in großem Maße beeinflußt. Alles zieht dadurch ein neues Gewand von wunderschöner göttlicher Färbung an.[135]

Sobald ein Mensch sich sammelt und seine Aufmerksamkeit am Sitz des Geistes verankert, zieht er die Gnade Gottes herab, die ihn wiederum mit einer nie zuvor erfahrenen Stärke und Unerschütterlichkeit erfüllt. Dies setzt ihn in den Stand, einen Weg aus der wie auch immer gearteten Schwierigkeit zu finden.[136]

Trübsal

In deinen persönlichen Charakter und deine Gemütsschwächen brauchst du dich nicht viel zu vertiefen. Das gipfelt in Selbstmitleid. Obwohl es ein sehr glückliches Vorzeichen ist, wenn man sich seiner Schwächen bewußt ist, so brütet unangebrachtes Sich-Hineinsteigern manchmal Krankhaftigkeit aus, die den inneren Fortschritt hemmt.[137]

Jeden Augenblick, in dem du dich niedergedrückt fühlst, solltest du Zuflucht nehmen zum Aufzählen all der mannigfaltigen Segnungen, die dir von der gnädigen Meisterkraft gewährt werden.[138]

Depressionen und Verzweiflung wachsen in egoistischen Herzen. Das Ego ist ein menschliches Element. Es wird sehr langsam durch die Meditation auf den Tonstrom und das Licht aufgelöst. Nach und nach wird es in dir dämmern, daß du nur eine Puppe in den Händen der göttlichen Kraft bist, die nach Seinem Geheiß tanzt.[139]

Gebet

Die über uns wirkende gnädige Meisterkraft setzt alle Mächte der Natur in Bewegung, um dem Schülerkind unter allen Umständen zu helfen. Ein starkes Verlangen, ein flehentliches und inbrünstiges Gebet, gepaart mit ernster Bemühung, wird nie versagen.[140]

Das Problem bei uns ist, daß wir nicht wissen, wie wir beten sollen. In diesem Fall mögen wir einfach bitten: «Oh Herr, lehre uns zu beten!»[141]

Da alle Seelen vom gleichen Wesen wie Gott und miteinander verbunden sind, kann man auch zum Wohle anderer beten. Hohe Seelen beten immer um das Wohl der ganzen Menschheit. Sie sind nicht zufrieden mit dem größtmöglichen Guten für die größte Anzahl, wie es allgemein von den Führern der Gesellschaft erstrebt wird. Ihre Gebete enden gewöhnlich mit den Worten: «Oh Gott, tue allen Gutes.»[142]

Es ist eine allgemeine Erfahrung, daß die meisten unserer Gebete keine Antwort finden. Der Grund dafür ist nicht schwer zu finden. Wir kennen den Willen Gottes noch nicht und wissen nicht, wie dieser Wille vollkommen zu unserem Nutzen wirkt. In unserer Unwissenheit bitten wir oft um Dinge, die uns auf lange Sicht eher schaden als nützen, und es ist kein Wunder, daß der liebevolle Vater in Seiner grenzenlosen Barmherzigkeit für uns solche Gebete nicht annimmt und diese keine Frucht tragen, sonst würden wir nie in der Lage sein, den Sinnesfreuden zu entkommen.[143]

Spontaneität: Ein Gebet, das der Schrei der Seele aus Pein ist, ist am schönsten und natürlichsten, wenn es ungehindert heraussprudelt wie eine Quelle kühlen Wassers aus den Tiefen der Erde. Es bedarf keiner Verschönerung durch besondere Worte und eigentümliche Redewendungen. Im Gegenteil, solche Ausschmückungen machen die wahre Schönheit des freien Ausdrucks zunichte, und sehr oft wird der Betende unmerklich in einen Wortschwall hineingezogen und ist dann wie in einem Netz gefangen. Dies alles macht ein Gebet unnatürlich - zu einem Produkt wohlbedachter Kunst und aller Gefühle entkleidet. Solche Gebete machen uns unaufrichtig zu uns selbst und sind in keiner Weise hilfreich. Gott geht auf ehrliche Gefühle ein, in welch einfacher Art sie auch zum Ausdruck kommen, und nicht auf wohlgesetzte Reden, leere Wiederholungen, pompöse Ausdrucksweise und gelehrte Abhandlungen.[144]

Ein diszipliniertes Leben

Es gibt keinen annehmbaren inneren Fortschritt, solange ihr nicht lernt, ein wohlgeordnetes, diszipliniertes Leben zu führen. Ein regelmäßiger Tagesplan für hingebungsvolle Meditationen am Morgen und am Abend, gepaart mit dem Ausmerzen aller niederen Wünsche und sinnlichen Impulse, wird euch mit innerer Stärke und Standfestigkeit segnen, um eure täglichen Pflichten auszuführen, und wird auch den inneren spirituellen Fortschritt sicherstellen.[145]

Der Weg zur Erlösung liegt nicht außen, er liegt innen. Äußere Rituale sind nutzlos und - obwohl es wünschenswert ist, das Andenken der vergangenen Meister zu ehren - es kann von keinem tatsächlichen Wert sein, sich in der Anbetung ihrer Heiligtümer, Statuen oder Bilder zu verlieren. Man muß ihr Leben als Vorbild achten und, wie sie, sich auf die Welt im Innern konzentrieren; *Baba Ji (Jaimal Singh)* selbst pflegte wochenlang auf Licht und Ton zu meditieren mit nur kurzen Pausen um zu essen. Er ermunterte seine Schüler immer, den spirituellen Übungen, die er sie gelehrt hatte, soviel Zeit wie möglich zu widmen. Beständiges Denken an den Herrn war der beste Schutz gegen Verhaftung und *Maya* (Täuschung, A.d.Ü.); und man sollte den fünf-fältigen *Simran* zu allen Stunden des Tages ausüben.[146]

Es ist ein Pfad der Liebe, Disziplin und Selbstbeherrschung. Nach der einleitenden spirituellen Erfahrung, die zur Zeit der Initiation gegeben wird, hängt alles weitere von nicht nachlassender regelmäßiger Übung ab, wie sie vom Meister anbefohlen wird. Tägliche Übung in liebevollem Glauben, in aller Ernsthaftigkeit und Demut, ist der Eckstein, um den jeder Schüler sich drehen muß, um auf dem Pfad fortzuschreiten. Liebe zum Meister bedeutet unbedingten Gehorsam gegenüber seinen Geboten.[147]

Wenn der Schüler immer noch nicht begreift und fortschreitet, nachdem all diese Mittel angewandt wurden, wendet der Meister auch noch andere Mittel an, um ihn auf dem geraden Weg zu halten. Entschuldigt, aber wenn der Meister an der Leine zieht, dann windet sich die Seele in Qualen. Gehorcht das Kind nicht und vergeudet sein Leben, schüttelt es der Meister hart, und obgleich es vielleicht ein hoffnungsloser Fall ist, wird die unerschöpfliche Liebe des Meisters schließlich eine Brise von Begeisterung in sein Herz hineinbringen.[148]

Nach der Einweihung durch einen kompetenten Meister hat der Schüler die Sicherheit, daß er in seine wahre Heimat gehen wird. Wer nach der Initiation in die Sünde und in ein schlechtes Leben zurückfällt und der Welt verhaftet bleibt, wird wieder als Mann oder als Frau inkarniert werden müssen und dann den Fortschritt auf dem Pfad weiter betreiben. Jene, die tiefe Liebe für und Vertrauen in den Meister haben, die fortschreiten und alle Bindung an die Welt aufgegeben haben, werden nicht als Mann oder Frau wiederkommen. Sie werden in die niedrigeren inneren Ebenen gebracht, wo sie mit der Hilfe des Meisters weiterkommen können und schließlich ihre wahre Heimat erreichen. Gewöhnlich würde ein normaler Initiierter vier Leben brauchen, um seinen Weg zu vollenden. Dies kann aber sogar auf eine Geburt gekürzt werden, entsprechend der Liebe und dem Glauben und der Gehorsamkeit dem Meister gegenüber.[149]

Zusammensein und Umgang mit Leuten

Frage: Sollte ich, wenn möglich, den Umgang mit Leuten vermeiden, die aufgrund ihrer weltlichen Art und negativen Schwingung für mich ein Grund zu leiden sind - besonders bei längerem Zusammensein?

Meister: Einen Menschen erkennt man an der Gemeinschaft, die er pflegt. Es ist unser Umgang, der unseren Charakter formt, und der spirituell Strebende sollte ein wachsames Auge darauf haben. Die weltlich gesinnten Menschen sind normalerweise vertieft in körperliche und sinnliche Vergnügen und was sie tun, beeinträchtigt den Schüler nachteilig. Ihr müßt euch darüber klar sein, daß euer Weg der Weg ins Jenseits ist, während die Weltklugen ihre eigenen Neigungen zur Sinnesbefriedigung haben. Ihr solltet sorgfältig unpassende Gesellschaft im größeren Interesse eures spirituellen Fortschrittes meiden. Selbst das Lesen unzüchtiger Literatur beeinflußt nachteilig und sollte deshalb peinlichst vermieden werden.[150]

Es ist immer besser, die Gemeinschaft mit Menschen zu meiden, die die Neigung haben, das eigene aufrichtige spirituelle Verlangen herunterzuziehen.[151] Jene, die Gott fern sind, sind wie Baumwolle voll von Knoten. Ohne Faden gibt es keinen Stoff, also haltet euch fern von Menschen, in denen Er sich nicht offenbart hat, denn sie werden weitere Zweifel in euch säen. Obwohl man schon ein wenig von der Wahrheit sehen mag, werden durch die Gemeinschaft mit solchen Leuten Zweifel kommen, und man wird anfangen, es in Frage zu stellen. *Kabir* sagt: «Lauft weg von solchen Leuten!» Wenn ihr Gesellschaft haben möchtet, dann sucht nach einem guten und ehrlichen Menschen - ansonsten bleibt abseits und führt ein Leben als Alleinstehender. Das Zusammensein mit jedem Menschen hat einen großen Einfluß, und in der Gemeinschaft mit einem, dessen Aufmerksamkeit umherschweift, wird man weiter weggeschwemmt. Die Gemeinschaft mit einem, der Herr über seine Aufmerksamkeit ist, wird eine außergewöhnliche Stille bringen.[152]

Ist der Astralkörper eines Menschen ganz frei von äußeren Eindrücken, ohne Gelüste, Bindung oder Haß, und ist dieser Mensch vielmehr von der Liebe zu Gott erfüllt, wird er, wenn ihr seine Gemeinschaft findet, diese Eigenschaften auf euch ausstrahlen. Im Kausalkörper befinden sich die Eindrücke der vergangenen Geburten. Wenn diese auch weggewaschen sind, so wird der Mensch ein Heiliger im wahren Sinne des Wortes genannt. Die Meister lehnen die Liebe des Körpers und die äußeren Bindungen stets ab. Pflegt ihr Umgang mit jemandem oder denkt an einen, dessen Astralkörper nicht gereinigt ist, der nicht in Gottesliebe getaucht ist, sondern gefärbt ist durch äußere Beziehungen der Liebe und des Hasses, so wird euch die Gemeinschaft mit solch einem Menschen die entsprechende Ausstrahlung vermitteln.[153]

Um diese Liebe zu entwickeln, müssen wir zuerst Seine Gebote befolgen, zum zweiten alle Unvollkommenheiten ausräumen und drittens - den spirituellen Übungen Zeit widmen. Außerdem solltet ihr die Gesellschaft mit jemandem pflegen, der euch einfach an euer Ideal erinnert. Meidet die Gesellschaft aller anderen, bei denen ihr an der Welt hängt oder Ihn vergeßt. Könnt ihr nicht mit Menschen zusammensein, die euch dabei hilfreich sind, an Ihn zu denken, ist es besser, allein zu leben. Lebt zusammen mit den Meistern, die aus den Büchern und Schriften zu euch sprechen. Da werdet ihr besser daran sein.[154]

Frage: Sind alle Initiierten spirituell miteinander verwandt?

Meister: Ja, mehr als Blutsverwandte, denn sie sind dazu ausersehen, ihre wahre Heimat zu erreichen und dort rechtzeitig zusammenzutreffen, wo sie alle eins werden mit ihrem Ursprung. Das ist eine wahre Verwandtschaft, die nie zerbricht.[155] Die Seelen, die den gleichen Pfad beschreiten, entwickeln natürlich Zuneigung zueinander. Die einander lieben, sind dem Meister sehr lieb. Diese gegenseitige Liebe sollte euch befähigen, Liebe zum Meister zu entwickeln und sie wird sich in keiner Weise zwischen euch stellen.[156]

Arbeit

In engem Zusammenhang mit der Ernährung stehen die Mittel des Lebensunterhaltes. In der Spiritualität gibt es keine Abkürzungen. Hier heiligt der Zweck die Mittel nicht, wie dies anderswo zurechtgelegt wird. Unehrenhafte Art und Weise, den Lebensunterhalt zu erwerben, verunreinigen eure Nahrung, die Quelle des Lebens selbst. Ein ehrbarer Broterwerb im «Schweiße des Angesichts» ist also in dieser Hinsicht wesentlich. Die Lebenspflanze muß deshalb mit reinem Wasser ernährt werden, damit sie kräftig und gesund wird, ein fähiges Werkzeug für das Erblühen der Spiritualität.[157]

Die Gebote des Meisters berühren die gesellschaftliche Seite des Lebens nicht und deshalb werden auch die tausend kleinen Pflichten des täglichen Lebens, die man vielleicht hat, nicht beeinflußt. Es wird nur betont, daß die Arbeit als ein Teil der Pflicht zu erledigen ist und daß man in solche Arbeit nicht völlig untertauchen und an sie gebunden sein sollte, zum Nachteil der spirituellen Erhebung. Arbeiten muß man und arbeiten sollte man. Arbeit ist Gottesdienst, aber man sollte alles dem Meister widmen und nicht sehr daran hängen. Ein Kindermädchen wird das Aufziehen eines Kindes fähig und voll Freude erledigen als Gegenleistung für den Lohn, den es erhält, und zwar ohne jede Bindung. Auf diese Weise sollten wir alle unsere Arbeit tun. So wird die Erledigung der äußeren Pflichten das Geben und Nehmen reibungslos abwickeln. Du magst also jede ehrbare Arbeit tun, die dir mehr Verdienst einbringt - unter der Bedingung, daß du dabei in der Lage bist, deine Meditationen nicht zu vergessen und zu vernachlässigen. Während du deine äußeren Pflichten erfüllst, laß deine spirituellen Pflichten nicht darunter leiden.[158]

Du mußt ernsthaft für deinen Lebensunterhalt arbeiten. Arbeit ist das große Heilmittel für alle Krankheiten und alles Unglück, das die Menschheit je befiel. Arbeit ist Gottesdienst, und als solcher sollte jede ehrenhafte Arbeit geachtet werden und in einem Geist der Hingabe ausgeführt werden.[159]

Alle ehrbare Arbeit ist gut und sollte dich nicht langweilen. Du magst dir vorstellen, daß du einfach deine Pflicht gegenüber dem Meister erfüllst, wenn du arbeitest, denn Pflichterfüllung ist Gottesdienst. Bis du also eine andere, passende Arbeit findest, wirst du mit deiner gegenwärtigen Arbeit auf freudigste Weise fortfahren und sie nicht als lästig empfinden. Du mußt dich und deine Familie mit ehrlichen Mitteln erhalten. Es liegt nur an der Denkweise. Betrachte sie als des Meisters Arbeit und erledige sie als deine Pflicht.[160]

Es ist gut zu arbeiten, und man sollte mit vollem Herzen arbeiten und es dann vergessen. Fortzufahren, sich mit zahllosen unbedeutenden Angelegenheiten den Kopf schwerzumachen, wird die Aufmerksamkeit vergeuden. Das bewirkt nur weitere fesselnde Bindungen, und wo deine Gedanken sind, da wirst auch du sein.[161]

Hingabe an Gott bedeutet nicht Verzögerung. Der Gott-Liebende arbeitet härter als andere Leute, denn Liebe kennt keine Last. Aus Liebe dient er allen.[162] Also bitte, gewöhne dir an, Herz und Seele in die zu erledigende Arbeit hineinzulegen - seien es weltliche Angelegenheiten oder die Meditationen. Die Gewohnheit, nur eine Sache auf einmal zu tun, wird dir helfen, im Inneren tagtäglich fortzuschreiten.[163]

«Arbeit ist Gottesdienst», und so sollte alle ehrbare Arbeit geachtet und in diesem Sinne angenommen werden. Die gewöhnlich einsetzende Ermüdung und Erschöpfung sind Routinefunktionen des Körpers. Du kannst jedoch völlig entspannen, indem du deinen inneren Blick im Augenzentrum festigst, die angestauten Spannungen losläßt dadurch, daß du all deine Sorgen und Befürchtungen zu Füßen des Meisters im Inneren abwälzt. Du wirst eine grundlegende Veränderung in deinem Denkmuster erreichen und mit der Gnade des Meisters sehr erleichtert sein.[164]

Kümmert sich jemand anderer um dich und versorgt dich, so wird dir das angelastet. Du gehst bankrott. Hast du Geld auf der Bank, ist es in Ordnung; andernfalls wird es dich belasten.[165]

Wenn ein aufrichtiger Wahrheitssucher, der vom Verdienst anderer lebte, zu unserem Meister kam, wurde er angewiesen, drei Stunden Meditation für sich selbst einzusetzen und weitere drei Stunden für diejenigen, die ihm dienten. Keiner dient dir, ohne etwas als Ausgleich zu erwarten. Deshalb forderte unser Meister diejenigen, die auf Kosten anderer lebten, auf, die doppelte Zeit für ihre Meditationen einzusetzen, um auf dem Weg zu Gott erfolgreich zu sein.[166]

Reichtum, Verantwortung

Reichtum an sich ist kein Hindernis auf dem spirituellen Pfad, denn er ist das gemeinsame Erbe aller, der Reichen und der Armen gleichermaßen. Keiner kann ihn als ein besonderes Geschenk für sich allein in Anspruch nehmen. Alles, was für den Erfolg auf dem Pfad erforderlich ist, sind der echte Wunsch, ehrliche Absichten, ein reines Leben und eine unwandelbare Hingabe an die Sache. Ein Reicher hat natürlich darauf zu achten, daß er beim Anhäufen seines Besitzes keine unsauberen Mittel verwendet und daß er seine ehrenhaft erlangten Schätze in fruchtbaren Bestrebungen einsetzt und nicht verschwenderisch zu kurzlebigem Vorteil. Er sollte seinen Besitz immer als ein heiliges, ihm von Gott anvertrautes Gut ansehen, mit dem er den Bedürftigen und Armen, den Hungrigen und Durstigen, den Kranken und Leidenden zu helfen hat, denn all diese Menschen haben einen Anspruch an ihn als Mitmenschen und Kinder des gleichen Vaters.[167]

Geschenke

Es ist schwierig, das Leben zu durchschreiten, ohne durch die Mechanismen von Geben und Nehmen zu gehen. Gerade dieses Geben und Nehmen, das von der Pilgerseele ausgeglichen werden muß, ist es, das uns zurück in diese Welt bringt. Es ist nichts dabei, kleine Geschenke von denen anzunehmen, mit denen du im Geschäfts- oder Familienkreis zusammenkommst, vorausgesetzt, daß du in der Lage warst oder bist, ihnen unmittelbar einen Dienst zu erweisen. Genauso können kleine Geschenke jetzt in dieser Feiertagszeit unter den Familienmitgliedern ausgetauscht werden. Es ist jedoch unklug, Geschenke anzunehmen von Bekannten, geschäftlichen oder anderen, die nicht in eurer unmittelbaren Reichweite leben, und mit denen ihr kein Geben und Nehmen habt.[168]

Das Gesetz des *Karma* ist unwandelbar und unerbittlich. Der Austausch von Geschenken unter den *Satsangis* wird gegenseitigen Ausgleich und Anpassung zur Folge haben. Es sollte wohl verstanden werden, daß die karmische Bindung in der Tatsache zu finden ist, daß ein Geschenk in der inneren Absicht, etwas zu schenken, gegeben wird. Wenn jedoch der Geber im Geiste der Selbstlosigkeit gibt, als eine Gabe an die Meisterkraft, und der andere, der das Geschenk erhält, es dankbar als eine Gnadengabe der Meisterkraft empfängt, sind beide frei von der entsprechenden Last.[169]

Tod

Jeder Mensch muß das sterbliche Gewand auf die Art und Weise ablegen, die vom vergangenen *Karma* vorbestimmt und festgelegt ist, d.h. durch Krankheit oder Unfall. Der Tod kann niemanden ereilen, bevor er nicht fällig ist. Warum sich also sorgen? Auch wenn wir nicht wissen, welchen Tod wir finden werden, durch Krankheit oder Unfall, ist doch eines sicher: Wenn wir zu dieser Zeit liebevoll an den Herrn denken, werden wir einen friedlichen Tod haben, denn die Gegenwart des Meisters wird über uns sein.[170]

Wo unsere Wünsche verweilen, da werden auch wir hingehen. Aus diesem Grund sollten die Gedanken beim Tod auf Gott gerichtet sein.[171]

Die Initiierten des lebenden Meisters genießen einen besonderen Vorzug, denn ihnen wird göttlicher Schutz gewährt bei ihrem endgültigen Weggang von der Welt. Solch disziplinierte Seelen werden im letzten Augenblick von der strahlenden Gestalt des Meisters in Empfang genommen, die sie dann gnädig in die Ebenen ungetrübter Harmonie und Seligkeit geleitet, damit der weitere Fortschritt auf dem Pfad stattfinden kann, wie er für jeden einzelnen notwendig sein mag. Es gibt Beispiele aus der Gegenwart von solchen Geschehnissen, wo diejenigen, die die Erde für immer verließen, Zeugnis ablegten über die Gegenwart des Meisters und mit der freundlichen Gnade des Meisters einen glücklichen Übergang hatten.

Der Tod ist kein Schreckgespenst: Er ist nur der Name, der einem Wechsel gegeben wurde, welcher sich ergibt, wenn man die dichte, grobe Atmosphäre der Erde verläßt und eine feinere des Lichts betritt. So ähnlich, wie die Sonne an einem Ort untergeht und am anderen auf. Eines Tages müssen wir den Körper verlassen, und bei der ersten Meditation erhebt der Meister das Bewußtsein über den Körper und vermittelt eine Erfahrung vom Licht und vom Tonstrom. Diese wird dann durch tägliche Übung erweitert. Die Angst vor dem Tod wird schwinden. *Wer Angst hat vor Geburt und Tod, sollte zu Füßen eines vollendeten Meisters sitzen.*[172]

Dies ist noch ein Hinweis auf den Wert von *Naam*. Wir sollten also jetzt beginnen, es zu verdienen: werdet zum Herrscher darüber, wer und was wir sind, und damit wird jegliche Angst vor dem Tod vergehen. Ein Kind schreit bei der Geburt, und wenn es geht, sollte es einen guten Grund haben, sich zu freuen.[174]

Es gibt keinen Gerichtshof nach dem Tod für einen Schüler mit liebendem Herzen. Der Meister ist *alles*![175]

Die Hauptereignisse des Lebens sind vorherbestimmt. Dein tiefer Schmerz über den großen Verlust, den deine ganze Familie erlitten hat, ist natürlich. Bitte sei dir dessen sicher, daß die Blutsverwandten und nahen Verwandten der Initiierten den möglichen Schutz und Hilfe im Jenseits erhalten. Du brauchst keine Gefühle der Trauer in dieser Beziehung zu haben, denn diese Haltung wird nicht nur deinen spirituellen Fortschritt beeinträchtigen, sondern auch für die gegangene Seele Störungen verursachen.[176]

Yam Raj, der Herr des Todes, ist so stark, daß ihn keiner überwältigen kann; aber des *Gurus Shabd* ist allmächtig, und diejenigen, die mit dem Meister verbunden sind, haben deshalb vollen Schutz und *Yam Raj* kann sich ihnen nicht nähern. Das zeigt etwas von der Größe des *Shabd*. Und dennoch wurde auch er von der gleichen Gotteskraft geschaffen. Warum hat der Herr ihn gemacht? Für Seine eigene Arbeit. Aber man hat gesehen, daß der Herr des Todes nicht kommt, um die Seele in Anspruch zu nehmen, solange ein *Satsangi*, der die wirkliche Verbindung mit *Naam* hat, in dem

Naam sich offenbart hat, am Sterbebett eines Menschen sitzt, selbst wenn dieser nicht initiiert ist.[177]

Frage: Kann ein aufgestiegener Meister seinen Initiierten helfen, die sich noch auf der physischen Ebene befinden?

Meister: Ja, ein kompetenter Meister ist seinen Initiierten für alle Zeit Meister. Er ruht nicht, bis er die Seelen zum höchsten Gipfel seliger Herrlichkeit in *Sach Khand* gebracht hat. Er ist nicht nur ein physisches Wesen, sondern das menschgewordene Wort. Auf den höheren Ebenen wirkt er als *Gurudev* (Meister in strahlender Gestalt) und *Satguru* (Meister der höchsten Wahrheit). Diese Bezeichnungen verlören ihre Bedeutung, wenn sich sein Wirken auf die physische Ebene beschränkte. Wäre es so, wie könnte er sich nach seinem Weggang um die Seelen der Initiierten kümmern? Ein Meister stirbt im Grunde für die Initiierten nie. Er hat sein Wort gegeben, sie hinaufzubringen zur wahren Heimat seines Vaters, und im Inneren ist er in Form von Licht und Ton für immer «eingepflanzt», selbst wenn er die Erde verlassen hat.[178]

Religion und Ritual

Das Einhalten von religiösen Übungen, feierlichen Handlungen und Ritualen, auch Fasten und Nachtwachen, Wallfahrten, usw., und Atemübungen durchzuführen, sind nur die Grundschritte, die dazu dienen, in euch ein Verlangen zu entwickeln, euch Gott zuzuwenden oder Ihn zu finden. Ihr habt den besten Gebrauch davon gemacht, wenn ihr auf den Weg zurück zu Gott gestellt werdet, der die Wissenschaft vom Wort oder Tonstrom und für die ganze Menschheit ein und derselbe ist. Einer, der dieser Wissenschaft ergeben ist, braucht sich mit den Grundschritten nicht mehr abzugeben. Kurz gesagt: Alle Handlungen, die physische Arbeit einschließen, gehören zur Ebene der physischen Welt, wohingegen wir uns über den Körper und das Körperbewußtsein erheben müssen, um Verbindung mit den ersten Offenbarungen des Göttlichen, dem Licht und Ton, zu erlangen. Mit den Händen könnt ihr nicht zu Gott beten. «Gott ist Geist und kann nur im Geist angebetet werden.»[179]

Ich habe hier (im Sawan Ashram in Delhi) keine Rituale, keine äußeren Formen, nichts dergleichen. Keinen Tempel, keine Kirche, keine Moschee. Warum? Weil das, was ich euch sage, das Höchste ist. Bleibt, wo ihr seid! Ihr braucht eure Religionsgemeinschaften nicht zu verlassen, sondern solltet den besten Gebrauch von ihnen machen und prüfen, wie weit ihr vorangekommen, fortgeschritten seid auf dem Weg. Das ist also einer der Gründe, weshalb ich hier keine Kirche, keinen Tempel oder irgend etwas anderes habe. Ich betrachte diese als Anfangsschritte. Die Menschen bleiben fest darin stecken. Sie bringen nicht die Früchte der Rituale oder Methoden äußerer Handlungen hervor. Wir haben hier keine Formen: Wir kümmern uns nicht darum, welches Etikett du trägst oder welcher geistigen Richtung du angehörst. Das ist für uns von keinerlei Bedeutung; wir möchten uns nur daran erfreuen, daß du Mensch bist, daß du Seele bist. Der gleiche Gott ist in dir. Du mußt dich in jenes Gottesbewußtsein erheben. Das ist der Hauptzweck von *Ruhani Satsang*, das, wonach wir streben. Das ist es, was die Welt heutzutage braucht.[180]

Wunder und Yogakräfte

Die Wissenschaft der lebenden Meister ist die älteste und vollkommenste Wissenschaft, die die Welt je gesehen hat. Sie ist die natürlichste und die am leichtesten zu befolgende, und sie kann von Menschen aller Altersstufen befolgt werden. Eheleben, Beruf, soziale Schicht und Bekenntnis, gesellschaftliche und religiöse Auffassungen, Armut oder mangelnde Bildung, usw. sind keine Hindernisse. Es ist eine innere Wissenschaft, eine Wissenschaft der Seele, und sie hat zum Ziel, die Seele mit der Überseele zu verbinden. Dies geschieht durch die Hilfe und Führung des spirituellen Meisters, der in Theorie und Praxis der Wissenschaft vom Jenseits (*Para Vidya*) wohl erfahren und fähig ist, bei der ersten Meditation eine spirituelle Erfahrung aus erster Hand zu gewähren. Nichts muß aufgrund von Vertrauen oder Einbildung angenommen werden. Zurschaustellen von Wundern, geistiges Heilen, psychische Erscheinungen, Wahrsagen, Berichte aus der Akashachronik, weltliche Begierden sind starke Hindernisse auf dem Pfad und müssen daher vermieden werden. Alle Energie ist für den inneren Fortschritt zu bewahren.

Trachtet als erstes nach dem Reiche Gottes,
so wird euch alles dieses dazugegeben.

Das ist die höchste Wahrheit, und sie wurde schon in grauer Vorzeit, vom Tag der Schöpfung an, von den Weisen und Sehern gelehrt. Sie ist unwandelbar und wird es auch bleiben. Gott, der Weg zu Gott und der Gottmensch erleiden niemals eine Veränderung und werden auf ewig gleichbleiben.[181]

Meister-Heilige zeigen einem Schüler niemals irgendwelche Wunder, außer in seltenen Fällen wegen besonderer

Umstände. Wunder geschehen zwar im Einklang mit den Gesetzen der Natur, sind aber dennoch schrecklich verfängliche Netze, die den höchsten Idealen des Menschen in seiner Annäherung an Gott hinderlich sind. Wunder sind ein Spezialgebiet, das der gewöhnliche Mensch schon aus dem einfachen Grund nicht Lust hätte zu studieren, weil es eine immense Selbstkontrolle und hartes Gemütstraining voraussetzt mit derartigen Einschränkungen, die er nicht tolerieren oder auf sich nehmen wollen würde. Die wundertätigen Kräfte, die man nach einer langen Zeitdauer erreicht, können sowohl dafür eingesetzt werden, Gutes zu tun, als auch zu schaden. Und da sie mehr für den Schaden als für irgendetwas anderes eingesetzt werden, bezeichnen wahrhaft spirituelle Menschen sie als Krankheit. Die Meister sind im Besitz der allerhöchsten Kraft, aber sie haben einen heiligen Auftrag. Ein Schüler, dessen inneres Auge geöffnet ist, sieht bei jedem Schritt zahllose Wunder. Zögert man, einem Meister zu glauben, weil man keine Wunder sieht, handelt man so töricht, wie wenn wir uns weigerten zu glauben, daß ein Mensch Multimillionär ist, solange wir nicht sein Geld gesehen haben. Er hat vielleicht all seinen Reichtum auf der Bank und gibt ihn nach seinem Gefallen und Gutdünken aus, ohne sich etwas aus öffentlicher Anerkennung oder Zustimmung zu machen. In einer mehrtausendköpfigen Zuschauermenge werden sich nur sehr wenige befinden, die durch die Vorführung eines Zauberers dazu angeregt werden, selbst diese Kunst zu erlernen. Wer darauf aus ist, Wunder zu sehen, ist kein wahrer Suchender.[182]

Heilige stellen keine Wunder zur Schau, noch erlauben sie ihren Schülern, sich mit solch prahlerischem, leerem Flitterkram abzugeben.[183] Prophezeiungen und Wunder sind nichts anderes als Auswüchse des Gemüts.[184]

Yoga-Kräfte: Die Pflicht des Aufsehers in einem Gefängnis ist es, die Gefangenen gefangen zu halten, sie zu läutern und zu bessern. Ähnlich war das Ziel der Gottheiten und göttlichen Inkarnationen (*Avatare*) immer schon, die Menschen an sich selbst gebunden zu halten, indem sie sie mit Gaben verschiedener *Ridhis* und *Sidhis* überschütten. (Dies bezieht sich auf das Gewähren von Gaben, Geschenken, Vergünstigungen, Wohlstand, Erleichterungen und Bequemlichkeit auf weltlichen Gebieten und das Verleihen übermenschlicher Kräfte, um Gutes oder Schlechtes zu tun.) Diese beschränkten Befreiungen und Bequemlichkeiten, die sie ihren Anhängern verleihen, reichen nur bis zu der Stufe, die sie selbst erreicht haben, und sie mögen sogar die Nähe eines Aufenthalts in den verschiedenen Regionen gewähren, in denen sie herrschen. Sie können nicht dabei von Hilfe sein, die Vereinigung mit dem Höchsten zustandezubringen, denn diese untergeordneten Kräfte sind selbst von diesem höchsten Privileg ausgeschlossen.

Die *Sidhis*, die außergewöhnlichen Kräfte, auf die sich weiter oben bezogen wurde, sind Yogikräfte, die sich bei ein wenig Übung (*Sadhan*) von selbst beim Wahrheitssucher einstellen. Aber sie sind tatsächlich Hindernisse auf dem Weg zur Gott-Verwirklichung, denn man ist gewöhnlich versucht, sich in Wunder zu verlieren, wie Gedankenlesen, Wahrsagen, Hellsichtigkeit, Eindringen ins Jenseits, Wunscherfüllung, geistiges Heilen, Hypnose, magnetische Einflüsse und dergleichen.

Es gibt acht Arten von *Sidhis*:

Anima:	Für alle äußeren Augen unsichtbar zu werden.
Mahima:	Den Körper auf jede Größe auszudehnen.
Garima:	Den Körper so schwer zu machen, wie man möchte.
Laghima:	Den Körper so leicht zu machen, wie man möchte.

Prapti: Durch bloßes Wünschen alles zu bekommen, was man möchte.
Ishtwa: Alle Herrlichkeiten für sich zu erlangen.
Prakayma: In der Lage zu sein, die Wünsche anderer zu erfüllen.
Vashitwa: Andere unter den eigenen Einfluß und die eigene Herrschaft zu bringen.[185]

Geistiges Heilen

«Geistiges Heilen» wird von den Meistern verboten. Das hat Gründe und eine tiefere Bedeutung, die gewöhnliche Menschen nicht erkennen, welche nur den Nennwert der Einkünfte betrachten, die damit erzielt werden, und das Ganze als Dienst an der leidenden Menschheit bezeichnen. Das unumgängliche Gesetz des *Karma* ist alles überragend und fordert den Ausgleich für jeden Heller. Der menschliche Körper ist die höchste Stufe der Schöpfung, die von der Vorsehung gewährt wird, damit die Seele während dieser Inkarnation geistige Vollkommenheit erlangt. Die Seele im Menschen hat die gleichen Eigenschaften wie Gott, nachdem sie vom gleichen Wesen wie Gott selbst ist. Da sie aber von Gemüt und Materie umgeben wurde, hat sie ihr wahres Erbe verloren. Sie ist im gegenwärtigen Zustand dicht vom Körper und den körperlichen Beziehungen eingesponnen, die mehr oder weniger die Rückwirkung vergangenen *Karmas* sind, das die Seele während der ganzen Zeit bis zur gegenwärtigen Inkarnation angesammelt hat. Das jetzige Erdenleben ist eine vorübergehende Phase in der langen Reise der Seele von den niedrigeren Schöpfungsformen bis zur wahren Heimat des Vaters. Der physische Körper ist materiell, die Seele ist spirituell, aber wenn die Rückwirkung von *Karma* auftritt, muß der Mensch Schmerz und Freude erleiden.

Die Leiden, die geistiges Heilen verlangen, fallen zum größten Teil in das Gebiet der körperlichen Beschwerden, die auch mentale Schmerzen wie Nervenzusammenbruch usw. einschließen. Da sie Auswirkungen früherer Handlungen sind, müssen sie Ausgleich erlangen und somit vom Betroffenen ertragen werden. Der Heiler - wer es auch sei, der diesen Dienst ausübt - nimmt das *Karma* auf seine Schultern. Es muß von ihm später abgetragen werden. Nebenbei wird das bißchen, das er spirituell erreichte, indem er sein Gemüt zur Ruhe brachte, mit solcher Geste der Wunderheilung vergeudet. Zumeist wird dieser Vorgang des Heilens bei schwächeren Gemütern angewandt, die gewöhnlich ihren Gefühlen zum Opfer fallen. Was normalerweise mit ein wenig Leiden und Arznei kuriert werden kann, wird umgewandelt zur geistigen Auflösung; die Schuld bleibt bestehen und muß zu späterer Zeit ausgeglichen werden. Diese Art Heilen wird auch oft professionell und fördert Korruption und Elend. Sie lädt nicht nur zu Mißbrauch ein, sondern bringt auch mehr mentales Leid und Jammer mit sich - in vervielfachter, mit Zinsaufschlag versehener Form. Dies ist ein kausaler Zahlungsaufschub auf einen späteren Zeitpunkt und legt der Seele starke Fesseln an.

Im Gegensatz dazu empfehlen die Meister eine rechte Lebensweise und rechtes Denken. Ein disziplinierter Schüler des Meisters wird angewiesen, ein reines, sauberes, keusches Leben zu führen und damit das spirituelle Ziel unter beschützender Führung anzustreben. Die unbedingte Einhaltung der Ernährungsregeln und ein einfaches, ehrbares Leben führen zu Glück und Freude. Kommt jedoch durch die Entfaltung vergangenen *Karmas* irgendein Leid, so wird dessen Schwere und Dauer durch das Eingreifen der gnädigen

Meisterkraft sehr herabgemildert, wie ein Penny für ein Pfund, oder ein Nadelstich anstelle des Galgens, und das Schülerkind kommt durch die Gnade des Meisters unbeschadet davon.

Das Heilen, von dem es heißt, daß es Jesus und andere anwandten, war von höherer Qualität. Wenn ihr ins kosmische Bewußtsein eintretet und die eigene Identität verliert, werdet ihr so spirituell, daß schon der Gedanke an einen Menschen oder dessen Berührung des Saumes eures Gewandes eine Heilung hervorruft - so wie es umgangssprachlich in der Bibel bezeichnet wird. Ihr dürft euch nicht euerseits bemühen, andere zu heilen. Über allem jedoch ist es der Glaube, der heilt, und der ernsthafte Initiierte läßt sich auf jene Dinge nicht ein, sondern strebt vielmehr unaufhörlich das Erreichen seiner spirituellen Vollkommenheit an, die das höchste Ziel im irdischen Leben ist. Die Seele, die weit höher aufsteigen muß, um mit der Überseele eins zu werden, verspätet sich dadurch, daß sie sich mit niedrigeren Bestrebungen abgibt. Deshalb werden die Initiierten davor gewarnt, dieses geistige Heilen anzuwenden, in ihrem eigenen, höheren Interesse - denn es führt zu spiritueller Verschwendung und spirituellem Bankrott. Es legt der Seele starke Fesseln an, und die karmische Schuld, die zurückgezahlt werden muß, ist sehr schwer.[186]

Andere Yoga-Kräfte

Frage : Darf ich Yoga unterrichten?
Meister: Yoga-Unterricht zu geben, ist in Ordnung. Du kannst deinen Lebensunterhalt auf irgendeine dir angenehme Art verdienen. Aber sei nicht selbst das Opfer des Yoga. Wenn du das tust, dann wirst du den längeren Weg gehen. Unser Weg kann sehr schnell absolviert werden. Der andere braucht zumindest Hunderte von Jahren, um nach Innen zu kommen; du würdest so den längeren Weg gehen müssen. Wenn du den längeren Weg gehen möchtest, gut, dann tu es. Du magst ihn lehren wollen, das ist in Ordnung, aber geh ihn nicht selbst, das ist alles. Willst du den längeren Weg gehen, sehr gut, du magst ihn wählen, wenn du möchtest. Das ist der längere Weg; er wurde in vergangenen Zeitaltern eingeführt. Im Goldenen Zeitalter lebten die Menschen 80.000 Jahre. Sie konnten 70.000 - 80.000 Jahre für diese Praktiken einsetzen. Dann kam das Silberne Zeitalter. Das Lebensalter ging auf 10.000 Jahre herunter, die Menschen konnten 2000 oder 3000 Jahre für diesen Weg einsetzen. Dann kam das Kupferne Zeitalter und die Lebenszeit wurde auf ein Drittel verringert. Selbst dann konnte man noch 200 - 300 Jahre einsetzen. Heutzutage lebt der Mensch nicht einmal 70 Jahre. Wie kann man da diese Methoden anwenden, die in jener Zeit eingeführt wurden? Wir können nicht wie in jenem Zeitalter leben. So haben *Kabir* und *Guru Nanak* diesen einfachen Weg eingeführt, den wir gehen - selbst ein Kind kann das. Er ist der schnellere Weg, verstehst du? Hast du «*Die Krone des Lebens*» gelesen? Ich habe dieses Buch als eine vergleichende Studie aller Yogaformen geschrieben. Es gibt darin einen Teil, der erklärt, was du tust, was du lehrst. Es gibt darin auch noch andere Yogaformen. Aber unsere Methode ist der schnellste

Weg durch alle Zeitalter, für jeden Menschen jeden Alters. Nun, ist es dir jetzt klar?[187]

Frage: *Hatha-Yoga*-Gruppen sind bei uns populär geworden, könntest du deinen Kommentar zum Wert dieser Gruppen geben?

Meister: Was die körperliche Seite der *Hatha-Yoga*-Übungen betrifft, so ist es in Ordnung, ein paar einfache und leichte Übungen zu haben, um die Gesundheit zu erhalten; aber es scheint nicht ratsam, sich auf anstrengende Übungen einzulassen, eingeschlossen verschiedene andere gefahrvolle Atemübungen usw., die dem *Surat Shabd Yoga* diametral entgegengesetzt sind. Bitte denke daran, daß ein weltweiter Unterschied zwischen der Seele und dem physischen Körper besteht. Sie sind zwei getrennte Einheiten. Übrigens zerstreut Hymnen-Singen oder zu viel äußerer Gesang die Aufmerksamkeit, die vielmehr Einkehr und innere Stille braucht.[188]

Baba Jaimal Singh betonte immer, daß «religiöses Ringen und Diskutieren, der Stolz darauf, einer bestimmten Kaste oder Religion anzugehören (*Varnashram*), Wallfahrten, Schriften bloß auswendig herzusagen, jene zu verehren, die der Vergangenheit angehören und dergleichen andere Handlungen und Methoden» alle nur «eine große Irreführung» und Fallen seien, die von *Kal* (die «negative», die bindende Kraft) aufgestellt wurden, um die Seele innerhalb der Knechtschaft im Reich der Relativität zu halten. Auf dieselbe Art seien die äußeren *Kriyas* oder Praktiken des traditionellen Yoga - *Pranayama* und diverse *Mudras* und *Asanas* - wirkungslos, wenn es darum gehe, uns zu unserem wirklichen Ziel zu bringen.[189]

Er hatte in früher Jugend schon mit so mancher Yogamethode experimentiert, und wenn er sich über das Thema ausließ, dann sprach er nicht als jemand, der sich auf akademische Gelehrsamkeit stützt, sondern als einer, der praktisch erfahren hat, wovon er spricht. Seine Worte trugen Überzeugungskraft in sich, denn in dem, was er sagte, war kein bißchen Vorurteil. Er erklärte einfach, daß er selbst alle Wege erforscht und festgestellt hätte, daß der *Sant Mat* oder *Surat Shabd Yoga* der höchste sei. Er konnte eine Menge berichten über die wunderbaren rätselhaften Kräfte, die man durch Yogaübungen erreichen kann; aber sein einziger Maßstab war die Fragestellung: machen diese den Menschen zum Herrn über das eigene Gemüt und dadurch frei von der Sklaverei der Wünsche? Wenn ja, dann gab es nichts gegen sie einzuwenden, aber wenn nicht (wie es gewöhnlich der Fall war), waren sie kaum von irgendeinem Nutzen. Als er 1894 in Murree war, sprach er in Beantwortung vieler Fragen, die *Baba Sawan Singh Ji* gestellt hatte, ausführlich über vergleichenden Yoga und schloß, indem er veranschaulichte, wie *Kabir* und *Nanak* das Beste von ihren Vorgängern übernommen hatten, wie sie weit höher auf dem mystischen Pfad vorgedrungen waren, und wie es ihnen gelungen war, eine für alle zugängliche Methode für das Einswerden mit dem Formlosen Absoluten zu entwickeln.[190]

Was ist diese Wissenschaft des *Surat Shabd Yoga*, der die Krone mystischer Vollendung darstellt? Sie sei, sagte *Baba Ji*, der Pfad, der am wenigsten Aufwand erfordere und am lohnendsten sei, um zum Ursprungsquell allen Lebens und Lichts zurückzugelangen. Ihr Geheimnis läge in der Einsicht, wenn die Seele an den Punkt zurückkehren solle, von dem sie herabgekommen ist, daß der Weg des Aufstiegs mit dem des Abstiegs identisch sein müsse. Als der Namenlose Einen Namen und Form annahm, zeigte Er sich als *Shabd*, *Naam*, *Kalma* oder das Wort. Dieser spirituelle Strom, dessen erste Eigenschaften Melodie und Licht sind, ist es, der für die ganze Schöpfung verantwortlich ist.[191]

Was die *Kundalini* betrifft, so solltest du ihr keinerlei Aufmerksamkeit schenken, denn sie steckt voller Gefahren. Du wurdest auf den Pfad gestellt, auf den Natürlichen Weg.[192]

Astrologie, Reinkarnationsforschung, I Ging

Astrologie ist eine regelrechte Wissenschaft, die allerdings nur wenige wirklich beherrschen. Sie erfordert eine klare Verstandesschau. Außerdem trifft sie nur auf diejenigen zu, die unter dem Einfluß der Sterne sind. Wer aber den gestirnten Himmel überschreitet oder von einem Meister in Obhut genommen wird, der den Sternenhimmel übersteigt, in dessen Fall stimmen die Vorhersagen nicht.[193]

Frage: Ist Gruppenerforschung von Wiederverkörperung und karmischen Beziehungen unter Initiierten ratsam?

Meister: Es wird euch freundlich geraten, all solche Nachforschungen sein zu lassen und eure kostbare Zeit den heiligen Meditationen sowie dem Studium der geheiligten Bücher des Meisters zu widmen. Der Heilige Pfad der Meister bietet nach dem Erheben über das Körperbewußtsein eine direkte, bewußte Verbindung mit dem Göttlichen im Innern. Dieser edle Grundsatz unterscheidet den Heiligen Pfad von allen anderen philosophischen Schulen.[194]

Das Buch *I Ging* habe ich angeschaut. Hört ganz und gar auf, diesem Buch Fragen zu stellen, denn die Antworten sind nicht nur irreführend, sondern voll schrecklicher Gefahren. Es ist unrichtig anzunehmen, der Meister spräche durch das Buch.[195]

Zum Militärdienst

Jeder Bürger hat gegenüber dem Land, in dem er wohnt, eine Verpflichtung. Wenn dieses Land durch einen Angreifer bedroht wird, ist es die Pflicht jedes Mannes und jeder Frau, entsprechend seiner oder ihrer mentalen und körperlichen Fähigkeiten, die unschuldigen Menschen des Landes zu beschützen. Man könnte zum Beispiel Dienst tun in einem Teil der Armee, der nicht zur kämpfenden Truppe gehört, wie etwa bei den Sanitätern, deren Hauptaufgabe es ist, das Leiden der Verwundeten zu lindern und ähnliches.

Wenn eine Regierung aus irgendeinem Grund die allgemeine Wehrpflicht aller körperlich dazu fähigen Männer vorschreibt, gibt es wenig, was man tun kann. Wenn man auf ehrliche Weise vom Militärdienst befreit werden kann, wegen mangelnder körperlicher Eignung oder einem anderen gültigen Grund, sollte dies auf jeden Fall getan werden.

Alle Heiligen und Meister haben nicht nur Kriege, sondern alle Formen der Gewaltanwendung, die der Menschheit Leid bringen, entschieden abgelehnt. Diese Umstände werden vom Menschen selbst verursacht, der in seiner Unwissenheit darüber, daß Gott in jedem Herzen wohnt, seinem Mitmenschen nicht erlauben will, in Freiheit und Frieden zu leben.

Alle Lieben, die verpflichtet wurden, ihre Pflicht gegenüber ihrem Land zu erfüllen, sollten furchtlos sein und voll Vertrauen in den gnädigen Schutz und die Führung, die ihnen die über allem wirkende Meisterkraft gewährt.[196]

Baba Jaimal Singh (der Meister von *Hazur Baba Sawan Singh*) diente 34 Jahre in der Armee und versah auch aktiven Dienst. Ich habe eine Biographie über ihn geschrieben mit dem Titel: «*Leben und Lehren eines großen Heiligen - Baba Jaimal Singh*», das die Lieben lesen können, um über sein

Leben während und nach seiner aktiven Armeelaufbahn zu erfahren.

Ähnlich dienten auch *Hazur Baba Sawan Singh* und ich dem Militär auf dem Gebiet des Bauens und der Buchhaltung, im Feld und unter Beschuß.[197]

Der Meister

Der Meister ist immer bei seinen Kindern, die ihm alle lieb sind. Wo sich mehr als einer in liebevollem Denken an ihn zusammenfinden, nimmt seine Gnade eine praktische Form an, und glücklich sind diejenigen, die in der Lage sind, an dieser Gnade teilzuhaben.[198]

Es wird Augenblicke geben in der Entwicklung der Liebe zum Meister, in denen man, weil man aus dem eigenen begrenzten Verständnis heraus urteilt, die Gültigkeit der Anweisungen des Meisters anzweifelt. Aber solche Augenblicke sind nur Prüfungen, um unsere Selbsthingabe vollkommener und sicherer zu machen, und wer diese Prüfungen erfolgreich besteht, wird eines Tages in der Herrlichkeit Gottes erstrahlen.[199]

Die Sicht der Meisterseele ist richtig: Er tanzt nach *niemandes* Pfeife. Der Meister kann nie etwas unrichtig sehen, und so wird er auch nie etwas Falsches tun, wie der verdorbene Mensch mit seinen rauchigen Brillengläsern es tut.[200]

Obgleich die Meister alles wissen, enthüllen sie nicht, was sie wissen, sondern gestatten den Dingen, von sich aus auf der materiellen Ebene ans Licht zu treten.[201]

Wir halten den *Guru* manchmal für weniger fähig als einen gewöhnlichen Menschen. Was können wir mit dieser Art von

Einstellung an Fortschritt zu erlangen hoffen? Die weltlichen Dinge werden vorrangig geliebt. Der Meister und Gott werden gelegentlich akzeptiert, je nachdem, was man materiell durch sie erlangen kann. Die Haltung ist eine der duldsamen Pflichten, bei der man auf herablassende Art und Weise Achtung erweist. Der Mensch denkt immer, er sei der Größte von allen, aber wenn er wirklich groß *würde*, dann wäre er nicht in diesem blinden, egoistischen Zustand.[202]

Korrespondenz

Jede Post wird vertraulich behandelt, und mit Ausnahme meines persönlichen Sekretärs, der Anweisungen erhält, um die Antworten aufzusetzen, liest niemand die Briefe, die von den Lieben hier eingehen.[203]

Hören des Tons vor der Initiation

Es gibt Menschen, die das Licht sehen, bevor sie initiiert sind. Das ist gut, und es ist eine Rückwirkung der guten *Karmas* vergangener Leben - aber um weiter ins Jenseits vorzudringen, sind rechte Führung und rechter Schutz notwendig.[204]

Daß jemand die niedrigeren Bereiche der inneren Musik hört, ist nichts Ungewöhnliches. Es vermittelt dem Hörenden etwas Freude und Vergnügen, aber er weiß nicht, wie der Vorgang von Stadium zu Stadium weiterzuentwickeln ist, um die Wahre Ewige Heimat unendlich währenden Friedens, ewiger Freude und Seligkeit zu erreichen. Das ist durch die eigenen einseitigen Bemühungen des einzelnen überhaupt nicht möglich.[205]

Träume

Frage: Was hat es für eine Bedeutung, wenn ein Initiierter beängstigende und lebhafte Träume hat?
Meister: Träume sind das Ergebnis von Erinnerungen, die auf dem beruhen, was man gehört, gesehen, gelesen oder Schreckliches gedacht hat. Erschreckende Träume stammen meist von einer Unordnung in der Verdauung, von einem verdorbenen Magen, der durch einfache Behandlung geheilt werden kann. Die lebhaften Träume zeigen die Klarheit der inneren Sicht, wobei einige sich an ihre Träume sehr klar erinnern, während andere dies nicht können.[206]

Haustiere

Die Anwesenheit von Haustieren wie Katzen oder Hunde im gleichen Raum, wenn meditiert wird, ist nicht schädlich, vorausgesetzt, ihre Anwesenheit stört dich nicht während der Meditationen.[207]

Euer Hund sollte nicht mit Fleisch gefüttert werden, denn das wird für euch karmische Schuld ansammeln. Er kann gut von vegetarischer Nahrung leben, genauso wie ihr euch umgestellt habt.[208]

Es ist besser zu vermeiden, in die Augen anderer zu schauen, und das schließt Tiere ein.[209]

Wenn man Vögel in Käfige sperrt, Haustieren Halsbänder umbindet, sie ankettet und einsperrt, nimmt man es fälschlicherweise als sicher an, daß diese armen, stummen Kreaturen keinen Gerichtshof haben, wo sie ihre Beschwerden vorbringen können.[209a]

Es ist eine edle Suche

Unser wahres Selbst zu finden - bedeutet das, daß wir es verloren haben? Wenn ihr mich nach der Wahrheit fragt, würde ich sagen, wir haben uns *voll und ganz* verloren.[210]
 Das ganze Spiel der Spiritualität geschieht mit der Aufmerksamkeit. *Wo die Aufmerksamkeit ist, da seid ihr selbst.* Indem ihr eure Aufmerksamkeit voll und ganz auf körperliche Übungen lenkt, könnt ihr mit ein wenig Training ein Ringer von kraftvoller Stärke werden. Liegt eure Aufmerksamkeit auf schulischen Themen, so könnt ihr ein intellektueller Riese werden. Legt ihr all eure Aufmerksamkeit in die Höhere Aufmerksamkeit (Gott), so werdet ihr spirituell wachsen. Von der spirituellen Gesundheit hängt sowohl die Gesundheit des Gemüts als auch des Körpers ab. Diese Lehre ist für alle da, aber die meisten von uns spielen noch mit Spielzeug. *Sehen wir die wahre Gestalt unseres Geliebten, sind wir an diesen Puppenspielen nicht interessiert.* Wie wunderbar muß die echte Sache erst sein, wenn die Imitation schon so anziehend ist! Aber unglücklicherweise ist es so, wenn der Blinde den Blinden führt, fallen beide immer wieder in den Graben. Das ist eine sehr offene Rede.[211]
 Diese reine Lehre - das Studium der Aufmerksamkeit, das man Spiritualität nennen kann - besteht schon immer, aber es ist traurig, feststellen zu müssen, daß wir an diesem

höheren Wissen nicht interessiert sind. Unsere Aufmerksamkeit hängt am Körper, an den Sinnesfreuden und an intellektuellen Überlegungen. Buchwissen jedoch ist ganz und gar Wildnis - es gibt keinen Weg hinaus. Wenn wir die Geschichten und Begebenheiten der Meister lesen, können wir in einen Zustand der Pseudoberauschung eintreten, aber als erstes sollten wir etwas von der Wahrheit sehen und dann das Lob des Herrn singen.[212] Wenn die Seele eine bewußte Wesenheit ist, dann muß ihre Nahrung etwas Bewußtes sein, und das Licht und der Ton, in denen der Herr sich zum Ausdruck bringt, sind das Brot und das Wasser des Lebens. Und derjenige, der es hat, kann es anderen geben. *Mein Geliebter ist überall, kein Ort ist ohne Ihn; verherrlicht den Körper, in dem Er sich zeigt.*[213]

Der Meister hat die gleiche physische Gestalt wie andere Menschen, aber obgleich er in der Welt lebt, steht er über ihren Auswirkungen. Er hat all seine Sinne unter vollkommener Kontrolle und kann den Körper willentlich verlassen, oder er wirkt in den Körpersinnen, je nach seiner Wahl. Wir sehen seinen Körper auf dieser Erde, aber seine Seele reist in allen Sphären. Wir hingegen sind an den Körper gebunden und können nicht über ihn hinaus. Deshalb können wir wahre Erkenntnisse nur in seiner Begleitung und mit seiner Hilfe erlangen. Selbst während ich diese Worte äußere, werdet ihr nicht wirklich überzeugt sein, bevor ihr nicht selbst seht.[214]

Naam, das Wort, hat eine unbeschreibliche Berauschung. *Köstlich süß ist das geliebte Naam.* Und weiter: *Nanak ist unablässig berauscht von dem Heiligen Naam - Tag und Nacht. Wer bekommt es? Jene, die Verdienste haben aus der weiten Vergangenheit, werden die Gabe von Naam erhalten, das sie Gott nahebringen wird.* Diejenigen Kinder, die Gott bestimmt hat, zu Ihm zurückzukehren, werden vom *Satguru* mit dem Wort verbunden. Und das Wort bringt sie dorthin zurück, von wo es ausgeht. Ein moslemischer Fakir sagt: «Ihr habt die wahre Moschee der äußeren geopfert.» Die äußeren Moscheen und Tempel sind für diejenigen da, deren inneres Auge nicht offen ist, um das wahre Licht Gottes zu sehen. Er kann durch die Sinne, den Verstand und den Intellekt oder die pranischen Praktiken (das sind Übungen, die den motorischen Strom im Körper einschließen) nicht erkannt werden, sondern nur durch Selbsterforschung. Wenn wir Selbsterkenntnis erlangen, dann treffen wir den Erhalter des Lebens. *Die Bindungen werden zerreißen, Erlösung wird geschenkt, und ihr werdet heimgehen.* Ihr werdet von allen Banden befreit, und obwohl ihr in der Welt lebt, seid ihr dennoch frei.[215]

Liebe Freunde, diese Welt ist ein Meer, das wir mit der Hilfe und Unterstützung von Gottes innerem Licht durchschwimmen müssen. Das ist wirklich völlig klar und einfach, wenn man alles vom rechten Blickwinkel aus sieht. Und das letztendliche Kennzeichen für die Echtheit eines Meisters ist, daß er diese Flamme in anderen entzündet.[216]

Der größte Teil der Weltbevölkerung befindet sich im Dunkeln; sie weiß nicht, woher sie kommt, wohin sie geht oder was der Zweck ihres Hierseins auf der Erde ist. Im Grunde weisen alle Religionen darauf hin, daß es Licht und Ton gibt; ich habe schon gesagt, daß *Lord Krishna* davon gesprochen hat. Die moslemischen Fakire bezogen sich ebenfalls darauf. Es wurde als die Musik der Sphäre, die in Licht gekleidete Wahrheit und das unendliche Feuer bezeichnet; Buddha nannte es das Innere Hören. Die Lehre bleibt gleich, obwohl der Mensch sie vergißt. Aber die Meister kommen, um die Wahrheit wieder und wieder zu beleben und vermitteln das rechte Verständnis wahrer Vereinigung. Einige möchten wissen: «Was haben wir denn davon?» Neben dem Vorteil, daß wir, während wir in der Welt leben, völlig losgelöst werden, erfahren wir: *Unglück wird uns nicht berühren; die Illusion wird als Gemüt und Materie enthüllt.* Welch wunderbarer Segen! Wer eins wird mit der Unveränderlichen Beständigkeit, für den sind Leben und Tod das gleiche. Es wird jemand geboren, es stirbt jemand - er fühlt weder Glück noch Leid. Solch ein erhabenes Dasein entsteht durch die Entwicklung des inneren Seins. Man kann nicht mit dem Graben eines Brunnens beginnen, wenn man durstig wird, denn sonst verdurstet man, bevor man das Wasser erreicht. Den Quell des ewigen Nektars des Lebens finden wir durch die innere Verbindung, und täglich aus diesem Brunnen zu trinken macht all die bedrückenden Folgen der weltlichen Erfahrungen wirkungslos.[217]

Es heißt: *Hat man den Satguru gefunden, hat man das Wissen.* Wann ist das? *Wenn Verhaftungen und äußere Auswirkungen beendet sind.* Ist es möglich, von Bindungen frei zu sein, während man im Körper lebt? Wenn man die eigene Aufmerksamkeit voll beherrscht, sie willentlich lenken kann, dann ist es möglich. Wenn man sich täglich über den Körper erhebt und in die höheren Regionen reist, wie will man da der Welt und ihren Dingen verhaftet bleiben? Man wird außerdem in der Welt mit doppeltem Eifer arbeiten, ohne diese besitzergreifende Art, die einen behindert.[218]

Es gibt drei Arten von Hitze, die im Menschen brennen. Die eine ist *Adhibhutak*, sie ist mit dem Körper verbunden. Die andere ist *Adhidevik* und wird bewirkt durch die äußeren, ungünstigen Geschehnisse. Die dritte ist *Adhiatmik*, und diese entsteht, wenn man eine höhere Verbindung im Innern erhält und nicht länger von Gemüt und Sinnen umhergezerrt wird. Wenn der Tod kommt, sagt man einfach: «Laßt uns gehen». So ist ein wahrer Schüler für diese Wandlung bereit. Wenn euer Zustand so geworden ist, dann werdet ihr wissen, daß ihr den *Satguru* gefunden habt.[219]

Sei dankbar, daß du endlich etwas bekommen hast - selbst wenn es erst nach einer langen Suche ist. Nur die Kraft von *Naam* kann die Schwierigkeiten dieses Zeitalters überwinden.[220]

Der Schlüssel liegt in den Lehren des Meisters, durch die ihr wahre Liebe zu Gott entwickeln werdet, wo immer Er sich offenbart. Ein kleiner Funke kann riesige Stapel von Baumstämmen zu Asche verbrennen, und ähnlich können durch einen kleinen Funken Licht vom *Satguru* die Sünden von Leben um Leben weggebrannt werden. Gleich bei der Initiation offenbart der Meister die strahlende Herrlichkeit von *Naam* im Suchenden, der diese Gabe dann fürsorglich pflegen und wertschätzen sollte. *Durch die Wiederholung von Naam sieht man das Licht von Millionen von Sonnen.* Und auch: *In der Dunkelheit kam Er und entzündete die Lampe.* Ihr erhaltet genau das, was der wahre Meister lehrt, denn in ihm ist das Licht geoffenbart, und er gibt euch einen Funken dieses Lichts. *Der Meister stellte einen kleinen Anteil unter meine Obhut.* Hütet diesen kleinen Anteil sorgfältig! In den vergangenen Zeitaltern war es üblich, daß der Meister den Schüler bei sich behielt, bis dieser bereit war, diese kostbare Gabe zu empfangen. Welcher Schüler hat heutzutage die Geduld und den Willen zu lernen? So wird gleich am ersten Tag die Verbindung gegeben, und dann liegt es am Schüler, was er daraus macht. Denkt immer daran, daß der Wert von *Naam* niemals ermessen werden kann. Richtet ein wachsames Auge auf euer ganzes Leben, achtet auf jede Handlung, Tag für Tag, und erhöht durch die Meditation euren inneren Fortschritt.[221]

Wes das Herz voll ist, des geht der Mund über. Je nachdem wie euer augenblicklicher Gemütszustand ist, ebenso werden die Auswirkungen eurer Rede auf andere sein. Ist das Gemüt erfüllt von Ärger, Lust, Habgier, usw., wird, selbst wenn diese Gedanken hinter süßen Worten verborgen sind, der hervorgerufene Effekt drastisch sein. Der Wind, der über Feuer streicht, bringt Hitze, und andererseits bringt der vom Eis kommende Wind Kühle.[222]

Die Worte des Meisters sind ganz besonders kraftgeladen. Aufgrund seines erhabenen Zustandes geht ein süßer Duft von ihm aus. Besucht ihr eine Parfümerie, werdet ihr - selbst wenn ihr nichts kauft - frei den wunderbaren Duft genießen, der die Luft dort erfüllt. Der Name eines Heiligen wird an allen Enden der Welt verherrlicht. Ob er sich zu erkennen gibt oder nicht, seine Ausstrahlung strömt überallhin. *Oh Nanak, der Gurumuhk* (wahrer Schüler des Meisters, A.d.Ü.) *ist eine Seltenheit.* Gar selten trifft man eine solche Persönlichkeit, aber die Welt ist nicht ohne sie. Er ist unser wahrer Freund; wenn wir ihn treffen, werden all unsere Zweifel ausradiert und das rechte Verständnis wird in unseren Herzen eingepflanzt. Wer das tun kann, ist wahrlich ein Freund. Solche Menschen waren schon immer schwer zu finden, aber wenn sie kommen, breitet sich durch ihre Ausstrahlung eine Flut von Spiritualität in der Welt aus.[223]

Heutzutage beginnt ein großes Erwachen. Einige haben die Antwort gefunden, andere nicht, aber die Suche nach der Lösung des Rätsels des Lebens wurde überall auf der Welt begonnen. Der Tag, an dem sich diese Frage im Gemüt erhebt, ist der größte Tag im Leben des Menschen, denn einmal aufgetaucht, weicht sie nicht, bis sie zufriedenstellend beantwortet ist.[224]

Wer immer sich einem Meister mit voller Hingabe und Demut nähert, wird das seltene Geschenk erhalten. Nachdem wir die menschliche Gestalt erlangt haben, ist es unser ererbtes Recht, Gott zu erkennen. Wenn wir natürlich nicht den besten Gebrauch von unserem Leben machen, wer hat dann Schuld?[225]

Es spielt keine Rolle, welcher Religionsgemeinschaft du angehörst - wenn das Licht in dir brennt, ist alles gut. *Ein wahrer Meister ist einer, der alle zusammenbringt.* Mit dem rechten Verständnis werden die Menschen eins, denn jeder hat eine Seele, und diese Seele ist vom gleichen Wesen wie das Wesen Gottes, des Lebenserhalters aller Dinge. Würden alle Menschen dies tatsächlich erkennen, wer würde dann seinen Nächsten hassen, wer würde betrügen oder des anderen Gut an sich nehmen? Polizei und Militär wären überflüssig, denn der Nächste des Menschen wäre auch sein Beschützer.[226]

Meine Freunde, ganz gleich, in welcher Stadt oder in welchem Land ihr lebt, ihr solltet wie wahre Brüder und Schwestern des Einen Vaters leben. Die Moral aller Töchter und Schwiegertöchter, ihr Schutz und Wohlergehen sollten euch am Herzen liegen, denn darin liegt der Schutz euerer eigenen Familie. Lebt in Liebe füreinander! Wenn Mann und Frau glücklich sind, liebevoll und einander treu, dann kann nichts und niemand zwischen sie kommen. Ähnlich ist es, wenn die Menschen irgendeines Landes eins sind untereinander, dann kann keine Macht und keine Politik ihr friedliches Leben stören. Alle Gesetze sind für die Gesetzlosen; wenn ihr gut seid, berühren sie euch nicht. Jeder einzelne von euch sollte sein Leben zu einem Vorbild machen, dann werdet ihr sehen, daß die ganze Welt Frieden und Glück haben wird. Weil diese Lebensweise nicht vorhanden ist, gibt es überall Leid.[227]

Solange die höhere Verbindung noch nicht erfolgt ist, wird das Elend der Welt nicht aufgelöst. So wie es jetzt ist, wird der Mensch ernten, was immer er auch sät.[228]

Seht ihr, allein wenn wir über diese Dinge sprechen, tritt so viel Frieden in unser Herz ein. Wieviel mehr Glück werden wir durch die wahre Erkenntnis erlangen, die wir nur durch die Ausstrahlung eines vollendeten Meister erhalten. Macht also euer Leben zu einem Anschauungsbeispiel für die Lehren, denen ihr folgt - lebt nach ihnen! Wenn ihr die Verbindung schon erhalten habt, dann behütet sie sorgsam und schätzt sie hoch. Wenn ihr den starken Wunsch habt, die Verbindung zu erhalten, dann wird Gott selbst die Vorkehrungen für euch treffen. Erhaltet ihr den Kontakt mit dem Heiligen *Naam*, so denkt daran, daß es genau die richtige Nahrung für die Seele ist. Überprüft darüber hinaus täglich eure Gedanken und Handlungen und seht, wie weit ihr gekommen seid. Viele Zeitalter sind verstrichen, seit ihr zum ersten Mal die menschliche Gestalt erhalten habt, und viele Jahre sind vergangen, seit ihr euch einer Religionsgemeinschaft angeschlossen habt - nun überlegt: Wohin seid ihr gelangt?

Solange die innere Verbindung nicht gefestigt ist und täglich geübt wird, und solange ihr nicht durch Selbstprüfung alles vermeidet, was euch davon wegführen könnte, wird alles, was ihr bis jetzt erreicht habt, durch einen dunklen Vorhang verborgen sein, und der Pfad eures Fortschritts wird behindert werden.[229]

Teil II

Das neue Leben in Gott

Liebe

Welche Liebe ist das, von der alle Mystiker, im Osten wie im Westen, so eindringlich sprechen? Ist sie wie die Liebe auf Erden, die wir kennen? Wenn ihr die Bande irdischer Liebe genau betrachtet, werdet ihr in jedem einzelnen Fall feststellen, daß hier und dort eine Spur von Selbstbehauptung vorhanden ist. Eltern und Kind, Freund und Freund, Mann und Frau, jeder ist in mehr oder weniger starkes Streben nach Besitz verwickelt. Sie ist eine Liebe, die oft große Höhen der Selbstaufopferung erreichen kann, und dennoch ist sie eine Liebe, die nicht völlig selbstlos ist.

Die «Liebe» aber, von der die Mystiker sprechen, ist eine Liebe, die vollständig vom Ego gereinigt sein muß. Wenn man in dieser Hinsicht nicht völlige Reinigung erlangt hat, ist die Liebe noch nicht vollkommen und in den Augen des Herrn nicht wirklich annehmbar. Und so ist die Liebe der Mystiker eine Liebe, in der man sich selbst seiner Liebe vollständig und vorbehaltlos hingibt. Der Suchende, der, nachdem er einen wahren Meister gefunden hat, eine solche absolute Liebe zu ihm entwickelt hat, reinigt sich beständig von allen Unzulänglichkeiten und macht sich zum bereiten Empfänger göttlicher Gnade. Ihr fragt vielleicht, weshalb auf dem mystischen Pfad die vollkommene Selbsthingabe ständig betont wird. Die Antwort ist einfach: Ohne diese völlige Aufgabe der letzten Spuren des Egos und der Selbstsucht und ohne ein solch vollkommenes Aufgehen im Zielobjekt der Liebe kann man jene unerschütterliche Konzentration aller Sinnesströme nicht erreichen, die die Voraussetzung für jeden inneren Fortschritt ist. Absolute Liebe und Selbsthingabe sind nur andere Aspekte vollkommener und makelloser Konzentration. In dem Augenblick, wo das Ego ins Bild tritt und die Frage der «Ichheit» aufkommt, wird die Unbeirrbarkeit der Konzentration aufgelöst und innerer Fortschritt unmöglich gemacht. Außerdem liegt das Ziel des spirituell Strebenden weit jenseits der Beschränkungen der Individualität. Sein Ziel ist die Vereinigung mit dem Absoluten, und eine solche Einheit muß notwendigerweise eine Absage an die Schranken sein, die uns voneinander trennen. Wer sich nicht über das Ego erheben kann, jenes Organ, das genau diese Beschränkungen schafft, kann nicht hoffen, die Stufe zu erreichen, die das Ablegen aller Individualität und die Erfahrung der Einheit allen Lebens bedeutet.[1]

Liebe ist unseren Seelen eingegeben. Gott ist Liebe, und unsere Seelen sind Tropfen aus dem Meer aller Liebe, das auch die menschgewordene Liebe ist. Liebe aber kennt Bindung. Die Liebe der Seele, die an die Überseele oder Gott gebunden sein sollte, ist an physische Dinge und äußere Vergnügen gebunden worden. Diese Liebe wurde in Gebundenheit verkehrt. Wo geht ihr hin? Dorthin, wo ihr gebunden seid. Das, woran ihr ständig denkt, ist das, woran ihr hängt, was euer Herz liebt. Liebt ihr weltliche Dinge, werdet ihr natürlich immer wieder in die Welt kommen. Liebt ihr Gott oder den Gottmenschen, wohin werdet ihr dann gehen? Dorthin, wo er hingeht. Wenn er sich nicht im Rad der Wiederverkörperung dreht, wie solltet ihr es dann?! Er kommt vom Vater und geht zum Vater zurück. Er kommt mit dem Auftrag, Seelen zu Gott zurückzubringen.[2]

Liebe zur Welt, äußeres Anhaften, den eigenen Wünschen und Zielen nachzukommen, ist Lust oder Verhaftetsein, nicht Liebe. Ein Prophet sagte, Liebe sei wie eine Brücke, um den Fluß darunter zu überschreiten. Sie dient nur dem Zweck des Hinübergehens, nicht dem Verweilen auf der Brücke. So dient eure Liebe zum Gottmenschen dem Überschreiten der Brücke, um auf die Gottesliebe eingestimmt zu werden, die in der Gemeinschaft mit ihm von Natur aus ausstrahlt. Hängt ihr am physischen Körper und äußeren Bindungen, dann ist das keine Liebe.[3]

Es heißt, man könne Liebe finden, indem man einfach sein Herz jemandem gebe und dann ohne Herz umherginge. Was bleibt euch denn, wenn euer Herz von jemandem weggenommen wird? Nur solch ein Mensch kann wirklich erkennen, was Liebe ist. Das äußere Zeichen dafür, daß ein Mensch liebt, ist, daß er unbedingten Gehorsam und völlige Selbsthingabe leistet. Er achtet das, was der Geliebte, der Meister, will. Er möchte dem Meister stets Freude bereiten und nicht sich selbst. Liebe ist kein Geschäft. Sie wird weder auf Feldern angebaut noch im Laden gekauft. Sie ist eurer Seele bereits angeboren, kann aber erst richtig entfacht werden, wenn ihr jemanden trefft, der vor Liebe überfließt. Wir haben den menschlichen Körper, in dem diese Liebe entwickelt werden kann. Wie ich schon sagte, die Liebe wohnt eurer Seele bereits inne. Sie braucht nur Bindung an jemanden. Anstatt unsere Seele an das Überselbst oder Gott zu binden, der reines Bewußtsein ist, haben wir sie an den Körper gebunden, an die Sinnesorgane und an die Welt draußen. Das ist der Grund für unsere ständige Wiederkehr in die Welt. Wenn wir Gott lieben, der uns bereits im Körper überwacht, wo werden wir dann natürlicherweise hingehen? Wir werden dorthin gehen, wo Gott ist, wir müssen nicht in die Welt zurück. Liebe wird nur entflammt in der Gegenwart eines Menschen, der bereits vor Liebe überfließt. In seiner Gemeinschaft erfahren wir die Ansteckung der Liebe, die Ausstrahlung der Liebe. Wer kann also diesem Weg folgen? Wer Körper, Gemüt und Seele und auch seinen Glauben vollständig überantworten kann. Der Geliebte ist alles für ihn. Er ist bereit, alles für den Geliebten zu opfern.[4]

Wird man durch Liebe an den *Guru* gebunden, wird die Dunkelheit vertrieben. Tausende von Sonnen erstrahlen durch die Wiederholung von *Naam*. Aufgrund der Schwierigkeiten im *Kal Yuga* (Eisernes Zeitalter, A.d.Ü.) wird dieser Segen freizügig gegeben. In der Vergangenheit wurden Beschränkungen auferlegt, bevor die Verbindung mit *Naam* gegeben wurde. Wenn man viele Jahre gedient hatte, gab der Meister gewöhnlich den ersten Teil der Theorie, und so weiter. Aber je dunkler das Zeitalter ist, desto mehr Gnade verschenkt der Meister, und heute erhält jeder gleich von Anfang an eine Erfahrung. Dieses besondere Zugeständnis geschieht wegen des schlechten Zustandes der Welt, die mit hoher Geschwindigkeit in das Negative treibt. Ein Meister wird alle Mittel anwenden, um die Seelen vor solch einem schrecklichen Schicksal zu bewahren, aber wenn die Seele das Geschenk erhält und es dann vergeudet - nun, das ist ein tragisches Unglück.[5]

«Was ist Liebe? Wo ist sie? Was will sie? Wie kann sie entwickelt werden?» Wenn ihr jemanden liebt, so ist er immer in euren Gedanken. Wenn ihr ständig an jemanden denkt, so fühlt ihr euch natürlich zu ihm hingezogen. Kommt jemand zu euch und spricht vom Meister, betrachtet ihr ihn als wahren Verwandten. Das vollbringt die Liebe. Der praktischste und wirkungsvollste Weg, wie man Liebe entwickeln kann, ist, in der Ausstrahlung von jemandem zu sitzen, der von Gottesliebe und -berauschung überfließt. Das ist der schnellste und natürlichste Weg, um sozusagen «angesteckt» zu werden. Ihr werdet angesteckt durch die Gegenwart des Meisters, der vor Liebe zu Gott überfließt. Und was kostet das? Es kostet nichts! Der Geliebte möchte, daß der Liebende niemand anderen anschaut, auf niemand anderen hört, an niemand anderen denkt, außer an den Geliebten. Das ist, was die Liebe vollbringt. Warum sollte ein Mensch, der solch eine Liebe hat, in die Welt zurückkehren? Er mag als Lehrer, als Meister zurückkehren, um die Kinder Gottes in Seine Heimat zurückzubringen. Aber er wird niemals als Gefangener kommen aufgrund der Auswirkung der Vergangenheit und an die Welt gebunden sein. Das ist es, was Liebe vollbringt und was sie uns gibt.[6]

Entsagung liegt wahrlich darin, daß wir nicht an die Welt, an irgend etwas im Äußeren gebunden sind. Ein Mensch, der Liebe in sich hat, Liebe zu Gott, ist so sehr an Gott gebunden, daß alle anderen Dinge sein Gemüt verlassen und er von nichts anderem angezogen wird. Wenn zum Beispiel ein solcher Mensch hier sitzt, dann können um ihn herum Hunderte anderer sitzen, er aber wird voll und ganz in den Meister vertieft sein. Das vollbringt die Liebe. Liebe kennt auch Opferbereitschaft. Die Meister sagen, wer das Spiel der Liebe spielen wolle, müsse mit seinem abgeschlagenen Kopf in Händen kommen und diesen als Geschenk darbringen. Und selbst dann würde er nicht erwähnen, was er getan hat. Gott kennt die kleinste Neigung unseres Gemütes, weiß, was in unserem Gemüt liegt. Dies ist eine Tatsache, die ich aufzeige.[7] Die Hauptsache ist also, Gott zu lieben. Das Kriterium für die Liebe zu Gott ist das liebevolle Denken an ihn. Ihr vergeßt ihn nie, selbst nicht während ihr eßt, schlaft, kommt oder geht. Habt ihr das entwickelt, werdet ihr auf natürliche Weise zu Gott gehen.[8]

Wir müssen beständig daran denken, daß unser Ziel Gott ist. Und wir dürfen uns nicht um irgend etwas kümmern, das uns ihn vergessen macht.[9] Eure Aufmerksamkeit ist in so viele Richtungen verteilt. Es ist wie bei einer Röhre, die viele Löcher hat. Fließt Wasser durch die Röhre, wird es Tropfen für Tropfen aus jedem einzelnen Loch rinnen. Verschließt ihr alle Öffnungen bis auf eine, wird das Wasser hervorschießen. Wenn also unsere Liebe, die jetzt auf so viele Dinge verteilt ist, von außen zurückgezogen wird und nur ein Hauptstrom übrig bleibt, nämlich zu Gott oder dem Gottmenschen, dann wird die Liebe von Natur aus hervorschießen. Liebe ist unseren Seelen bereits angeboren, sie ist eben nur an so vieles verteilt: an den Körper, an die Vergnügungen, an die Kinder, an Ruf und Ruhm der Welt. Wenn wir nur eine Öffnung freiließen und unsere Liebe dorthin richteten, würde sie auf natürliche Weise von den anderen Dingen gelöst. Das wirkt Wunder.[10]

Wenn ihr eure Aufmerksamkeit, die der äußere Ausdruck der Seele ist, voll und ganz auf Gott oder den Gottmenschen richtet, seht ihr nicht sein Gesicht, sondern das Licht, das davon ausstrahlt. Das ist das Kriterium. Solch ein Mensch schläft nach außen hin und ist von innen erwacht. Wir sind also Aufmerksamkeit oder *Surat*, versteht ihr? Unsere Aufmerksamkeit ist die Ursache dafür, daß sich diese ganze Maschinerie im Körper bewegt. Der *Premi*, der Liebende, ist wirklich innen wach und schläft nach außen. Er ist in der Welt und dennoch getrennt von ihr. Das ist die eigentliche Meisterleistung der Liebe, die Barmherzigkeit genannt wird. Das ist nicht Lust, sondern wahre Liebe oder Barmherzigkeit, und sie ist unserem eigenen Selbst angeboren. Gott ist die Liebe, und die Liebe ist Gott und sie ist ein fester Bestandteil von uns selbst. Wird sie von außen durch die Konzentration der Aufmerksamkeit abgezogen, seid ihr voll und ganz genau dort, worauf ihr sie auch immer lenkt. Richtet ihr eure Aufmerksamkeit auf den Meister, werdet ihr zu dem, was er ist. Was in ihm ist, wird auf euch übertragen, in euch widergespiegelt. Ein Meister sagte einmal, daß ein Meister, der ein Meister geworden sei, einst ein *Sikh* oder Schüler war. Wenn ein *Sikh* oder Schüler voll im Meister aufgeht, wird er der Meister; aber zuerst muß er ein wahrer *Sikh*, ein wahrer Schüler werden. Geht er im Meister auf, wird er der Meister. Wenn er spricht, ist es der Meister, der in ihm spricht.[11]

Nun entsteht die Frage, wie man dem Meister gefallen kann. Es gibt zwei Möglichkeiten, und die erste ist, daß wir die Eigenschaften, die er in seinem Leben hat, in unser eigenes Leben übernehmen. Wir sollten Nachahmer sein und entsprechend der Befähigungen, die wir an ihm sehen, leben. Die Fähigkeiten, die er hat, sind die Fähigkeiten Gottes in verkleinerter Form. Gott beschenkt jeden, den Er erschaffen hat, denn natürlich liebt der Schöpfer Seine Schöpfung. Und so liebt der *Guru* seine Schüler, denn er ist es, der ihnen die Geburt im Innern geschenkt hat. So wie er uns liebt, sollten wir alle lieben. Er läßt niemanden leiden, und ihr solltet niemanden leiden lassen. Ihr müßt mit anderen teilen. Dies sind einige der Eigenschaften, die der Meister hat und die in ihm widergespiegelte göttliche Eigenschaften sind. Der zweite Weg ist, einfach absolut und wörtlich nach dem zu leben, was er sagt.[12] Wenn der Meister oder jemand, den ihr liebt, «Halt!» sagt, dann haltet dort ein und macht keinen weiteren Schritt. Halten wir jedoch seine Gebote? Wir tun es nicht - also, wo ist dann unsere Liebe?[13] Die Gebote des *Gurus* zu befolgen, ist also die erste und die letzte Lektion auf dem Pfad der Spiritualität. Jene, die nicht gehorchen, die äußerlich etwas zur Schau tragen und im Herzen etwas anderes fühlen, werden das Wohlgefallen des *Gurus* nie erlangen.[14] Er sagt: «Nun gut, widmet euren Meditationen regelmäßig Zeit. Merzt von Tag zu Tag alle Unvollkommenheiten in euch aus!» Wir sagen, wir haben keine Zeit, das Tagebuch zu führen. Wir haben noch nicht einmal angefangen, von Liebe ganz zu schweigen. Darüberhinaus sollten wir, wenn wir Gedanken an und Liebe für jemanden hegen wollen, immer an ihn denken.[15]

Wenn man einen echten Meister gefunden hat, muß man, nachdem alle Zweifel beseitigt sind, dem Ideal des wahren Schülers entsprechend leben. Und was bedeutet es, solch ein wahrer Schüler zu sein? Es bedeutet, vollen Glauben an den *Satguru* zu haben und seine Weisheit und Autorität nie in Frage zu stellen. Es bedeutet, in die Liebe zu ihm verloren zu sein während man arbeitet oder spielt, denn allein solch eine Liebe kann das Herz von den unvollkommenen weltlichen

Arten der Liebe reinigen. Weiter muß man - solch einen Glauben und solch eine Liebe vorausgesetzt - nach besten Fähigkeiten seine Anweisungen befolgen: *Wenn ihr mich liebt, haltet meine Gebote!* Entwickelt ein Schüler diese Eigenschaften und gibt sich vollkommen dem Willen des *Satguru* hin, wird er befreit von weltlichen Wünschen und ein taugliches Gefäß für *Shabd Dhun* (der innere Tonstrom, A.d.Ü.), und die Gnade und Freigebigkeit des Meisters werden auf ihn herabströmen wie eine Flut, die alle inneren Sperren und Hindernisse niederreißt.[16]

Liebe ist also Gott, und Gott ist Liebe. Wen sollten wir lieben? Wir sollten Gott lieben. Wir sind bewußte Wesen, und wir sollten den menschlichen Körper lieben, in dem sich Gott offenbart. Nicht um des menschlichen Körpers willen lieben wir ihn, sondern um Gottes willen, der sich in diesem menschlichen Körper offenbart. Dieser ist gesegnet, weil Er sich dort offenbart.[17] Wenn unsere Liebe zu Gott täglich anwächst und Er uns lieber wird als irgend etwas anderes in der Welt, so ist das Liebe zu Gott.[18]

Von Liebe zu sprechen, ist eine Sache; diese Liebe im Herzen zu haben, ist etwas anderes.[19]

Liebe ist der kürzeste Verbindungsweg zu spiritueller Glückseligkeit. Liebe ist die freundliche Zuneigung des Meisters, die alle Unvollkommenheiten und Fehler ausmerzt, wenn die Lieben sie durch allmähliches Aufnehmen auf rechte Weise nähren.[20]

Es ist ganz klar und einfach: Wenn ihr Gott liebt, werdet ihr zu dem, was Gott ist.[21] Liebe bedeutet, sein Herz ein für alle Mal herzugeben. Es kann nicht wieder zurückgenommen und jemand anderem geschenkt werden.[22] Wo unsere Liebe ist, dorthin müssen wir gehen.[23] Ihr müßt wissen, daß Gott zu lieben heißt, daß wir für Gott leben und für Gott sterben müssen.[24]

Habt ihr verstanden, was Liebe ist? Sie ist ein Thema des Herzens, nicht des Verstandes. Ein sehr gebildeter Mensch mag kein Herz haben. Liebe beherrscht den Verstand, aber manchmal steht der Verstand der Liebe, dem Herzen im Wege.[25] Jene, die sich danach sehnen, werden sie erhalten.[26]

Gott ist Liebe und der Meister ist menschgewordene Liebe. Er sendet Strahlen der Liebe aus, die sowohl von jenen, die auf dem Weg sind, aufgenommen werden können, wie auch von jenen, die sich mühen, Gott zu finden. Glücklich und begünstigt sind diejenigen, deren Gefäß gereinigt ist und die bereit sind, den süßen Nektar der Gnade des Meisters zu empfangen.[27]

Die Lieben fragen oft: «Wie können wir Liebe zu dir entwickeln?» Ihr habt alle den Beweis für diesen Pfad erhalten, bleibt also damit in Verbindung! Denn je mehr ihr damit verbunden seid, desto mehr wird die Liebe aus dieser Vereinigung strömen. Das ist das einzige, was fehlt.[28]

Das erste Kriterium, das zeigt, ob ihr wirkliche Liebe zum Meister empfindet, ist, daß ihr euch selbst dann zu ihm hingezogen fühlt, wenn er euch beschimpfen sollte. Das zweite ist, daß ihr jene Fähigkeiten, die in ihm von Gott widergespiegelt sind, in eurem eigenen Leben habt. Dies sind Schlichtheit und liebevolle Worte voller Demut. Das dritte ist, streng nach dem zu leben, was er sagt, sogar ohne sich um das eigene Leben zu kümmern. Wenn ihr alles dem Meister überlaßt, muß sich der Meister um das Kind kümmern.[29]

Das Ego ist wirklich ein großer Feind gegen den spirituellen Fortschritt auf dem Pfad. Die Liebe zum Meister ist wie das Feuer im Backstein-Brennofen. Wird das Feuer nicht aufrechterhalten, sondern ausgelöscht, erhalten die Backsteine nicht die erforderliche Reife, und so ist es mit allen spirituellen Angelegenheiten. Die Initiierten sollten ihre Liebe zu ihrem Meister bewahren und verborgen halten, damit sie in Ruhe fortschreiten können.[30]

Wenn wir jemanden um des Meisters oder um Gottes willen lieben, ist dies ein Zeichen dafür, daß ihr in der Liebe zu eurem Geliebten, zu eurem Meister, wachst. Dies sind die Grundsteine - aber noch nicht Liebe, vergeßt das nicht! Liebe bedeutet, euer Herz wegzugeben. Man hat nur ein Herz, und wenn es jemandem gegeben wird - was bleibt dann?[31]

Liebt einander um des Meisters willen. Wenn ihr um des betreffenden Menschen willen liebt, so wird dies eurer Liebe zum Meister im Wege stehen. Liebt ihr den Meister, so haltet seine Gebote.[32] Wenn ihr jemanden liebt, werdet ihr auch jene lieben, die zu ihm gehen. Wir kritisieren und streiten manchmal sogar mit jenen, die auf dem gleichen Weg sind wie wir. Wo ist dann unsere Liebe zum Meister?[33]

Die Liebe des Gottmenschen ist die Liebe Gottes. Er fließt über vor Gottesliebe und Gottberauschung. Er ist nicht an die Erde gebunden, sondern wurde hierher gesandt, um die Menschenkinder zu führen, so daß sie in Seine Heimat zurückkehren. Wenn ihr ihn liebt, wo werdet ihr hingehen? Dorthin, wo er hingeht. Muß er nicht in die Welt zurück, warum solltet ihr dann wiederkehren - wie könnt ihr wiederkehren?[34]

Was ist Liebe? Jeder sagt: «Ich liebe Gott, ich liebe den Meister.» Was aber ist Liebe? Liebe ist die Frucht eines Baumes. Sie ist das Endziel, welches sich in uns entwickelt und in uns aufsteigt. Wir sollten Gott lieben von ganzem Herzen, von ganzer Seele und mit all unserer Kraft. Hat man ein Herz oder zwei? Man hat nur ein Herz und kann es nur jemandem geben, den man liebt. Wenn ihr euer Herz jemandem gebt, was bleibt euch dann? Ihr werdet so denken, wie Er denkt, nicht mehr auf eure Art und Weise. Das ist das Endziel. Wenn euer Herz schon dem Gottmenschen gegeben wurde, bleibt nichts mehr, was man Gott getrennt geben könnte. So sollte als erstes unser Herz ein Ganzes sein, nicht in Stücke gebrochen. Nur wenn es vollständig ist, könnt ihr es geben.

Unser Meister (*Baba Sawan Singh*, A.d.Ü.) sagte einst in einer Ansprache: «Nun gut, wenn einer von euch sein Herz geben kann, so wird er direkt in den Himmel gehen können.» Ein Mann stand auf und sagte: «Gut, ich gebe mein Herz.» Der Meister fragte ihn: «Hast du dein Herz unter Kontrolle?» «Nein,» erwiderte der Mann. «Wie kannst du es dann hergeben?» fragte der Meister. Ihr könnt nur etwas geben, was unter eurer Kontrolle ist, was sich in eurem Besitz befindet. Das Herz wird durch die Sinne irregeleitet, hierhin, dorthin, überallhin. Solange es nicht gesammelt ist, wie könnt ihr es da geben? Unser Herz steht nicht unter unserer Kontrolle. Es wird in so viele Richtungen gezerrt.[35] Das Herz wird nur dann gegeben, wenn ihr es von allen äußeren Dingen zurückzieht und es unter eurer Kontrolle ist.[36]

Es gibt also Schritte, die hierzu führen, und der erste Schritt lautet: *Wenn ihr mich liebt, so haltet meine Gebote.* Welche Gebote sind das? *Liebe Gott von ganzem Herzen, von ganzer Seele, mit all deiner Kraft.* Hier steht das Wort «Herz». Von ganzem Herzen, nicht einem Herzen, das in Stücke zerteilt ist - hier, dort, überall. Laßt es also ungeteilt sein.[37]

Was möchte jemand, der liebt? Er möchte immer den Meister sehen. Er liebt alles, was mit dem Meister zusammenhängt.[38] Wenn ihr wahre Liebe zu Gott in eurem Herzen tragt, wird Gott zu euch kommen, Er wird sich euch offenbaren. Wir wollen aber gewöhnlich nur weltliche Dinge, hier und im Jenseits. Wem es um die Liebe Gottes geht, der verlangt weder nach weltlichen Dingen noch nach dem Reichtum der anderen Welten. Nicht einmal Befreiung möchte er. Er möchte nur eins haben. Nicht Himmel, nichts Irdisches, keine Befreiung - nur bei Gott zu sein, das ist alles. Wenn wir dieses Verlangen tatsächlich in unserem Herzen tragen, dann müssen wir Gott natürlich finden. Gott wird zu uns kommen. Wenn wir einen Schritt in jene Richtung tun, wird er uns einhundert Schritte entgegenkommen, um uns zu empfangen. Wir müssen uns entscheiden, was wir im Grunde unseres Herzens wollen. Sind wir nur um der weltlichen Dinge willen hier? Sind wir nur wegen Ruhm und Name in der Welt hier? Sind wir nur hier, um Dinge der anderen Welt oder den Himmel zu erlangen? Erstreben wir wirklich Befreiung von Geburt und Tod? Ein wahrer Liebender will nichts von alledem. Er will nur Gott und Gott allein. Dies ist das höchste Ideal, das wir im menschlichen Körper erreichen können und in keinem anderen. Ihr müßt also durch aufrichtiges Prüfen eures Herzens entscheiden, was ihr wollt. Wollt ihr Gott, wird Gott euch sicher und bestimmt finden. Wollt ihr etwas anderes, dann erhaltet ihr dies, das ist alles. Ihr werdet genau das bekommen, was ihr wollt. Warum aber wollt ihr, wenn ihr zu einem König geht, einfache Kiesel und Steine?[39]

Als *Baba Sawan Singh* einmal schrieb, daß es ihn nicht einmal nach *Sach Khand* verlange, sondern er nur bete, «Liebe und Glauben zu den heiligen Füßen des *Satguru*» zu haben, war *Baba Ji* (*Baba Jaimal Singh*, A.d.Ü.) äußerst erfreut und erwiderte, solch eine Selbsthingabe sei «wahrlich das höchste *Karni* (Disziplin)» und versicherte ihm, daß «wer eine solche Liebe zum Meister habe, mit Gewißheit *Sach Khand* erreichen und, indem er durch *Alakh*, *Agam* und *Anami-Radhasoami* ginge, in der Wunder-Region aufgehen würde.»[40]

Liebe wird in unmittelbarer Gemeinschaft mit dem Meister entwickelt oder indirekt, wenn man empfänglich wird, selbst über Tausende von Meilen. Es wird die Zeit kommen, daß ihr sagen werdet: «Wer lebt in diesem Körper? Bin ich das?» Ihr werdet euch selbst vergessen, ihr werdet den Meister darin sehen. Wenn ihr die Hände faltet, werden es die Hände des Meisters sein, nicht eure. Die Liebe ist also die letzte Frucht am Ziel.[41]

Wenn ihr in der Liebe zu Gott oder dem Gottmenschen (sie sind ein und dasselbe) wachst, dann sehnt ihr euch natürlich nach ihm. Ihr könnt ihn nicht vergessen. Ihr möchtet mit jemandem zusammensein, der eine direkte Erfahrung von ihm hat oder der bei ihm war. Dann möchtet ihr ihm nahe sein, so nahe wie möglich. Wenn ihr nicht bei ihm seid und hört, wie jemand von ihm spricht, wird euer Herz voll und fließt durch eure Augen über. Dies ist ein Zeichen dafür, daß eure Liebe zu ihm wächst. Dies sind die Blüten, die das Erscheinen der Frucht ankündigen. Wenn Regen erwartet wird, kommen zuerst Wolken. Gibt es keine Wolken, kommt auch kein Regen. Gibt es keine Blüten, kommen keine Früchte.[42] Wenn letztendlich die Frucht kommt, seid ihr für den Meister, und der Meister ist für euch. Das sind die Schritte, und wir müssen nun beurteilen, wo wir stehen.[43]

Wenn spontan ein Tränenstrom hervorquillt, so hilft dies viel dabei, den Schmutz des Gemüts wegzuwaschen, und das Auge, das diese Tränen vergießt, ist glücklich zu preisen, denn sie hinterlassen nicht endende Spuren bezaubernder Seligkeit und Harmonie.[44] Wie die Blüten am Baum den Früchten vorausgehen, stehen ähnlich Sehnsucht und Herzenspein vor dem Kommen des Meisters im Inneren. Jede Träne, vergossen in liebevollem Denken an den Meister, bringt euch näher zu ihm. Denkt ihr an ihn, denkt er natürlich an euch.[45]

Man kann am Baum keine Früchte erwarten, wenn sich noch nicht einmal die Blüten gebildet haben. *Wer auch immer Ihn erreichte, erreichte Ihn mit Tränen; wäre er mit Lachen und Vergnügen zu erlangen, wäre niemand ohne Ihn.* Durch Schluchzen, welches den Körper peinigt, empfängt man den Herrn. Das Wasser aus den Augen wäscht die Sünden vieler Leben fort; die Konten werden reingewaschen.

Ohne den Geliebten zu sehen,
kommt der Schlaf nicht;
diese Trennung ist nun unerträglich geworden.

Wenn der Suchende dies durchmacht, wird ihm oft von anderen geraten, die Suche und das Verlangen nach Gott aufzugeben, aber *Guru Amardas* erwiderte: «Sprecht nicht solche Worte, denn selbst im Schmerz liegt eine Süße.» Dann, nach so langem, nutzlosem Weinen, wird die Seele verzweifelt und hilflos, und sie fleht die Meister an: «Oh, ihr Meister, ihr geht täglich zu Gott, meine Stimme reicht nicht so weit, nehmt diese Botschaft, sagt Ihm: 'Oh, Herr, sie vergeht durch die Trennung von Dir. Sie kennt nicht den Weg, der zu Dir führt, und ihre Stimme erreicht Dich nicht, so sendet sie diese Botschaft.' Bitte sagt Ihm, daß 'sie Tag und Nacht mit strömenden Tränen weint und ohne den Geliebten nicht mehr bestehen kann. Sie kann nicht fliegen, denn sie hat keine Flügel und kennt den Weg nicht. Wie kann sie Dich erreichen?' Bitte schildert Ihm meine Verfassung.» Ein wahrer Sucher erreicht diesen Zustand.[46]

Jene, die Gott lieben, lieben den Meister - Gott in ihm natürlich! Das ist keine Sache der Zurschaustellung. Genau diese Kraft ist in euch und kennt jede eurer Handlungen; sie weiß, was ihr tut und warum. Sie kennt sogar die Richtung eurer Gedanken. Liebe kennt keine Schau. Liebe kennt Dienen und Opfern. Das äußere Zeichen der Liebe ist eine sanfte Sprache, von Demut durchdrungen. Wenn ihr diese Liebe entwickelt habt, was sollt ihr dann tun? Ihr müßt Geduld und Ausdauer haben und damit fortfahren. Genau wie eine Motte, die sich selbst in der Flamme einer Kerze verbrennt, aber nie einen Laut von sich gibt. Wer also Gott lieben möchte, sollte sich nicht um seinen Namen oder Ruhm kümmern, nicht um seine Ehre, dies oder das. Er sollte von all seiner äußeren Größe ablassen und sie zu Seinen Füßen niederlegen. Selbst wenn er sein Leben opferte, würde er nichts darüber verlauten lassen. Dies ist also eine sehr heikle Frage, meine ich. Wenn jemand Gott liebt oder den Gottmenschen, nun, dann ist das eine Beziehung zwischen ihm und

Gott in ihm und niemandem sonst. Ihr müßt dies entwickeln. Dazu braucht ihr Ausdauer. Es braucht Zeit. Die Aufgabe des Dieners ist es zu arbeiten, das ist alles. Es ist Sache des Meisters, sich darum zu kümmern, was er ihm zu geben hat.[47]

Die Sprache der Liebe ist sehr sanft und voll Bescheidenheit. Die liebevolle Sprache der Erinnerung an Ihn, erfüllt mit Demut, ist die Grundlage aller Tugenden. Die Sprache einer verwirklichten Seele ist von Sanftheit durchdrungen; sein Herz fließt über vom Nektar der Liebe. Der Mensch spricht aus der Fülle seines Herzens, denn die Worte sind voll von dem, was er im Herzen birgt. Die Meister lieben jedermann und ihre Worte sind angefüllt mit Liebe und so besonders anziehend. Wenn der Papagei im Käfig der Liebe redet, ißt und trinkt er *Naam*; seine Seele verläßt den Körper willentlich ohne Anstrengung. Wenn ihr beim *Guru* mit voll konzentrierter Aufmerksamkeit sitzt und regelmäßig dem Inneren Ton lauscht, wird sich eure Seele auch ohne Mühe zurückziehen. Wenn die Leute sich beschweren, daß ihr Gemüt nicht ruhig ist, so kommt dies von einem Mangel an Liebe. Der Wahre Herr kann erkannt werden durch des *Gurus Bhakti* (Hingabe an den Meister, A.d.Ü.), und Er wird sich ganz einfach offenbaren.[48]

Der Körper ist wie ein Käfig; wird der Käfig aber zu einem Käfig der Liebe, wird die Seele durch die Verbindung mit *Naam* von der Wahrheit leben, dem Elixier des Lebens. Die Welt ist ein zweischneidiges Schwert, das alles zerschneidet, auf das es trifft, aber wenn das Schwert der Liebe sich herabsenkt, verbindet es die beiden Teile wieder zu einem. Das Merkmal der Liebe ist, in jemandem oder etwas aufzugehen. So ist ein Liebender ein wahrer Entsagender, denn er entsagt jedem anderen Gedanken bis auf den an das Objekt seiner Liebe. Mag er von Tausenden umgeben sein, so ist er dennoch allein mit seiner Liebe. Ein Mensch ohne Liebe wird den Herrn nie erkennen, so macht also den Körper zu einem

Käfig der Liebe, und dann sprecht. Wenn durch die äußeren Übungen keine Liebe entwickelt wird, was haben sie dann für einen Nutzen? Solche Übungen sind bloße Gymnastik. Solange wir Seiner nicht in Tränen gedenken, ist es eine trockene Erinnerung; das Denken an Ihn aus einem Herzen, das vor Liebe überfließt, wird Frucht tragen. Der zehnte *Guru* (der *Sikhs*, A.d.Ü.) sagt: «Hört ihr alle, ich sage euch die Wahrheit: Gott wird von jenen erkannt, die lieben!» Gott ist Liebe, und die Seele ist ein Tropfen genau jener Essenz und daher auch ein Abbild der Liebe. Welche Art von Liebe hegt jemand, der sich rühmt, den Herrn zu lieben, aber seine Brüder haßt? *Sheik Farid* sagt: «Wenn ihr den Geliebten finden wollt, dann verletzt kein Herz.» Ein wahrer Ergebener Gottes wird keine Feindschaft gegen irgendein anderes Wesen hegen. *Shamas Tabrez* sagt: «Hunderte von Jahren im Gebet werden keinen *Namazi* (wahren Ergebenen) aus dir machen.» Derjenige, in dem keine Liebe erweckt ist, kann die Geheimnisse des Herrn nicht ergründen. Lebt also in einem Käfig der Liebe, wenn ihr Gott erkennen wollt, und diese Liebe wird euch zu ihm ziehen. Das Leben ohne ihn wird zu einer Qual werden, zu Sehnsucht, zu ruhelosem, einsamem Unglück, denn die Liebe ist ein Meer ohne Ufer: es hat kein Ende außer dem allumfassenden Aufgehen in ihm, wenn ihr euer ganzes Leben ihm hingebt.

Wie kann diese Liebe entwickelt werden? Sie wächst nicht auf Feldern und wird nicht in Läden verkauft. Es gibt nur zwei Wege, um Liebe zu entwickeln. Der eine ist, bei jemandem zu sitzen, der Liebe ist, von welchem ihr euch mit dieser Liebe anstecken werdet. Leben kommt von Leben. Ein Blick der Liebe ist nur in den Augen eines wahrhaft Liebenden zu finden. Diese Dinge werden zwar in Büchern erwähnt, aber Worte können nicht wirklich zum Ausdruck bringen, was Liebe ist. Der andere Weg, Liebe zu entwickeln, ist durch die Erinnerung. Wenn man jemanden liebt, so kann man diesen

Menschen nicht vergessen. Sein Gesicht ist immer gegenwärtig vor dem inneren Auge, im Herzen, in den Gedanken und vibriert sogar im Blut, während dieses durch die Adern fließt. Man sollte so sehr an ihn denken, daß man ihn niemals vergessen kann, und diese beständige Erinnerung wird einen zu ihm ziehen. Die überwältigende Sehnsucht, den Herrn zu finden, erwächst zu einer Einheit, zur Verbindung mit ihm.[49]

Simran

Jeder von uns verweilt in Gedanken beständig bei der einen oder anderen Sache. Diese enge Assoziation hinterläßt einen Eindruck im menschlichen Gemüt, der im Lauf der Zeit weitgehend unauslöschlich wird und zur vollständigen Identifikation des Subjekts mit dem Objekt führt. Daher heißt es: «Wie du denkst, so wirst du» oder «Wo die Gedanken sind, da bist auch du», ganz gleich, wo sich der Körper befindet. Da dies der Fall ist, nehmen sich die Heiligen des Menschen auf dem Weg des geringsten Widerstandes an. Da niemand ohne *Simran* (wörtlich «Wiederholung», A.d.Ü.) sein kann, versuchen die Heiligen, an die Stelle des einen *Simran* eine andere Art *Simran* zu setzen. Sie ersetzen den *Simran* der Welt, der weltlichen Beziehungen und Gegenstände durch einen *Simran* des Namen Gottes, oder des «Wortes». So wie ersterer zur Zerstreuung des Gemütes führt, so zieht letzterer einen himmelwärts und führt zu Gemütsfrieden und Erlösung der Seele. Drei bis vier Stunden täglich werden als Minimum für *Simran* dringend angeraten und diese Zeit kann nach und nach erhöht werden. Die *Mahatmas* sind nie auch nur einen einzigen Augenblick ohne *Simran*. Da es ein ganz und gar mentaler Vorgang ist (denn er muß mit der Zunge der

Gedanken durchgeführt werden), kann keine noch so große Menge an körperlicher oder manueller Arbeit sich störend auswirken. Im Laufe der Zeit geht der *Simran* wie das Ticken einer Uhr automatisch und unaufhörlich alle vierundzwanzig Stunden weiter. Während die Hände mit Arbeit beschäftigt sind, ruhen die Gedanken im Herrn.[50]

Wenn sich jemand bei *Hazur* (*Baba Sawan Singh*, A.d.Ü.) beschwerte, daß er nicht fähig sei, das Gemüt zu beruhigen, entgegnete er gewöhnlich: «Dein *Simran* ist nicht beständig genug.» Und auf die Beschwerde, nicht in der Lage zu sein, lange in Meditation zu sitzen, wurde die gleiche Antwort gegeben. Unsere wahre Schwierigkeit ist, daß uns die Farbe der Welt überschwemmt hat. Könnte sie herausgebleicht werden, dann würden wir rein und bereit werden für eine neue, frische Farbe, die uns beleben würde. Ein schmutziges Tuch muß erst saubergewaschen werden, bevor man versuchen kann, es zu färben. Unser Herz und Intellekt sind voller Flecken in der Farbe der Ebene von Gemüt und Sinnen. Wir sind von den Handlungen des Lebens verunreinigt, und dazu kommen noch die Flecken aus der Vergangenheit - Geburt um Geburt. Selbst wenn man die vergangenen Leben beiseite ließe und nur dieses Leben betrachtete ... wie viele Jahre sind schon vergangen? Es mag sein, daß ihr durch die Gnade eines Meisters das Glück hattet, in seiner Gegenwart zu sein und den Nutzen von ein wenig *Naam*-Farbe zu genießen, so heißt es dennoch, daß wir *Simran üben und dem Satguru dienen* müssen. Wir sind durch das Ausüben des *Simran* der Welt in der weltlichen Farbe gefärbt und sie kann nur ausgewaschen werden, indem man *Simran* (Erinnerung) und *Dhyan* (Kontemplation) des Herrn übt.

Man kann also sagen, daß der erste Schritt *Simran* ist - beherrschtes Denken - und er sollte beständig sein, ohne Unterbrechung. Dies ist der Waschvorgang, bevor die Seele bereit ist, in die Farbe Gottes getaucht zu werden. Mit treuem

Dienst von Verstand und Körper in Liebe und Hingabe sollte man das Denken an den Herrn solange erweitern, bis nichts bleibt als beständiges Seufzen nach ihm. Das ist dann das Anzeichen des Erwachens. Wir seufzen nach weltlichen Dingen, aber selten findet man jemanden, der im Gedenken an den Herrn seufzt.

Simran ist der erste Schritt. Logischerweise wird man in der Farbe desjenigen gefärbt, in dessen Namen der *Simran* geübt wird. Wenn ihr jemanden in eurem Herzen bewahrt, werdet ihr in seinem wohnen. Wenn der Schüler an den Meister denkt, wird der Meister an den Schüler denken. Und wenn beide Seiten aneinander denken, erzeugt dies Empfänglichkeit, und der *Guru* und der Schüler werden eins. Der *Satguru* beschützt den Schüler mit seinem Leben. In solchen Situationen wird der Schüler in die Farbe des *Gurus* getaucht. In dem reinen Herzen wird das wahre Wissen sichtbar. Wer nicht *Simran* übt, wird natürlich nicht in dieser Farbe gefärbt. Wenn die Meister sich dazu geneigt fühlen, enthüllen sie sich etwas, und große Weisheit kommt zum Vorschein - zu *unserem* Nutzen, wobei die Farbe des Herrn noch nicht fest in uns ist.[51]

Die Übung des *Simran* beginnt mit der Wiederholung der objektiven Namen Gottes, *langsam* in mentaler Ausgeglichenheit. Zuerst ist die Praxis objektiv, aber mit der Zeit wird sie subjektiv. Dann besteht das beständige Denken an den Herrn ohne Unterbrechung. Hat dies einmal begonnen, wird die Erinnerung automatisch, fortwährend und beständig, und man vergißt den Herrn niemals.[52]

Meisterseelen führen selbst stets den *Simran* der höchsten Art aus und empfehlen diesen auch immer, nämlich den *Simran* der Ursprünglichen oder Grundlegenden Namen Gottes, denn diese öffnen verzauberte Fenster und lassen uns Ausblicke sehen, die zu spirituellen Ebenen innerhalb des Körpers führen. Jene Namen sind aufgeladen und elektrifiziert mit der Gedankenübertragung, die sie gewöhnlich begleiten, wenn sie dem Anwärter von einer Meisterseele übermittelt werden. Da sie magnetisiert sind, haben sie die Kraft, den Geist anzuziehen und ihn zu den Ebenen emporzuheben, auf die sie sich beziehen. Die eingegebenen «Worte», die mit dem Göttlichen Geist des Meisters aufgeladen sind, tragen sehr bald Frucht.[53]

Weil wir den *Simran* der Welt und unserer Umgebung ausüben, haben diese so sehr von uns Besitz ergriffen, daß wir die Welt und unsere Umgebung geworden sind. Wir müssen uns der gleichen Methoden bedienen, um alle weltlichen Gedanken von innen her auszulöschen, indem wir liebevoll an den Herrn mit so vielen Worten denken, wie sie die Heiligen bis jetzt erdacht haben. *Simran* hat also zweierlei Nutzen: einmal dient er dazu, daß wir uns durch den *Simran* der kraftgeladenen Worte, die wir von einem kompetenten Meister erhalten haben, vom Körper zurückziehen können, zum anderen dazu, die Welt und die Gedanken an sie aus uns zu vertreiben durch die beständige Erinnerung an den Herrn in der vorgeschriebenen Weise.[54]

Der *Simran* verhilft dem Menschen zur Verinnerlichung und Konzentration. Als Resultat der Konzentration des Gemüts auf den inneren Ebenen werden unweigerlich außergewöhnliche Kräfte geweckt.[55] Die Wiederholung der kraftgeladenen Namen wird dem Schüler als eine Waffe gegen alle Gefahren gegeben. Sie dient auch als Schlüsselwort für alle spirituellen Ebenen, gibt Körper und Gemüt Stärke und Unterstützung in Schwierigkeiten und Not und bringt die Seele dem Meister nahe. Der *Simran* verhilft einem zum Erlangen von Konzentration und vermittelt viele andere unterschiedliche Kräfte. Die fünf kraftgeladenen Namen, die von einem wahren Meister gegeben werden, sind elektrifizierte Worte.[56]

Außerdem haben diese bezaubernden Worte des Meisters - die eigentlichen Namen Gottes - die Kraft, die Mächte der Finsternis zu vertreiben, die einem Geist auf seiner Reise nach oben begegnen und ihn überfallen könnten. Der *Simran* dieser Namen hilft der Seele sowohl auf der physischen Ebene als auch auf den aufeinanderfolgenden überirdischen Ebenen. Daher ist es unabdingbar, daß *Simran* mit den Namen geübt wird, die die Meisterseele einem aufträgt, denn sie sind aufgeladen mit einer ungeheuren spirituellen Kraft, der negative Kräfte sich kaum widersetzen können und vor der sie fliehen wie von einem Zauberer vertrieben. Unvergänglich und ewig seiend, wie diese Worte des Meisters sind, schenken sie der Seele, in die sie einsinken und Wurzel fassen, ewiges Leben.[57]

Bitte, seid euch dessen bewußt, daß die heiligen kraftgeladenen Namen in höchstem Maße wirksam sind und die Gedankenübertragung des Meisters in sich tragen. Und wenn man sie liebevoll in Gedanken wiederholt, werden die Sinnesströme vom Körper unten automatisch zum Augenbrennpunkt gezogen.[58] Im *Simran* liegt der Same, der bei der Entwicklung der Seele hilft.[59]

Die Heiligen definieren den Begriff Sünde sehr einfach als «das Vergessen des eigenen Ursprungs (der Göttlichkeit)». Jeder Gedanke, jedes Wort und jede Tat, die den Menschen von Gott fernhalten, sind wahrhaft Sünde, und auf der anderen Seite ist alles, was den Menschen Gott näher bringt, fromm und heilig. Ein persischer Heiliger sagte, als er über die Natur der Welt sprach: «Die Welt kommt nur ins Spiel, wenn man den Herrn vergißt. Denkt man beständig an Gott, ist man, selbst während man in der Welt unter Freunden und Verwandten lebt, dennoch nicht der Welt zugehörig.»[60]

Durch Konzentration zu den geheiligten Füßen des Meisters, durch unbedingtes Vertrauen in seine Anweisungen und indem wir sie wirklich in die Tat umsetzen, können wir einen Zustand vollkommener Glückseligkeit erlangen. Es gibt keine Abkürzung außer der des *Simran*, wie ihn der Meister vorschreibt.[61] Den Meister zu vergessen, bedeutet, seinen Schutz zu verlieren und damit der negativen Kraft eine Gelegenheit zu geben, euch niederzuzwingen.[62]

Wir denken nur an Gott, wenn wir von allen Seiten hart bedrängt werden. Es ist die Not und nicht die Fülle, die uns gottwärts wendet. Würden wir Gott im Wohlstand nicht vergessen, würde das Elend nie auf uns zukommen. Harte Zeiten kommen nur als ein Ergebnis der Sünden, die wir begehen, wenn wir den Herrn vergessen. *Simran* (oder das beständige Denken an Gott) ist ein Tonikum für die Seele. Es läßt die Willensstärke von Tag zu Tag wachsen. Schwierigkeiten und Prüfungen, wie schlimm sie auch sein mögen, können einen solchen Menschen nicht einschüchtern. Mit lächelndem Gesicht schlägt er sich durch die Stürme des Schicksals oder der Bestimmung und bleibt unverletzt. Der *Simran* ist ein Allheilmittel gegen sämtliche Übel der Welt. Er ist ein starkes Heilmittel und wirkt Wunder, die Sorgen zu vertreiben, wo alle menschlichen Bemühungen fehlschlagen. Ein Mensch, der *Simran* einhält, ist niemals wegen irgend etwas unruhig oder besorgt. Um am wirkungsvollsten zu sein, muß der *Simran* beständig und ohne Unterbrechung sein.[63]

Ein Armer sammelt sein Geld, indem er sich Pfennige erbettelt, und er zählt diese immer wieder, Tag und Nacht. Ob er schläft oder wacht, träumt er die ganze Zeit von seinem kleinen Schatz. Wir sollten wie solch ein Armer sein und uns dauernd Rechenschaft ablegen über den *Simran*, den wir wiederholen, und uns bemühen, Stückchen für Stückchen den Reichtum von *Naam* zusammenzutragen und ihn nicht einen Augenblick zu vergessen.[64]

Es ist sehr gut, daß du den Tag mit der Wiederholung der heiligen Namen beginnst und beendest. Diese heiligen Namen sind mit dem Lebensimpuls des Meisters aufgeladen und ihr *Simran* (Wiederholung) ruft seine Gnade herab. Du solltest deine besten Bemühungen daransetzen, während all deiner freien Augenblicke Zuflucht zur Wiederholung der kraftgeladenen Namen zu nehmen und beständig im liebevollen Denken an den Meister aufzugehen.[65]

Wenn du als letztes am Abend, bevor du einschläfst, eine Zeitlang den *Simran* übst und liebevoll an den Meister denkst, werden die Träume im Laufe der Zeit aufhören, dich zu belästigen.[66]

Das Gebet sollte ununterbrochen und überfließend sein, wie die Leidenschaft eines Verliebten, der seine Liebe nicht für einen einzigen Augenblick vergißt. Wenn sich ein Mann in eine Frau verliebt, so trägt er ihr Bild ständig in seinen Gedanken, ob er nun schläft oder wacht, sitzt oder steht. *Wenn man auf diese Weise die Liebe zu Gott in sich tragen könnte, wäre dies in der Tat großartig.*

Kabir erklärt weiter, wie das liebevolle Denken an Gott geschehen sollte. Er nennt ein weiteres Beispiel gleicher Art. Er sagt: «Achtet so auf das Gebet, wie es die Dorfmädchen tun, die sich unterhaltend bewegen, wobei ihre Aufmerksamkeit stets auf die Krüge auf ihren Köpfen gerichtet ist.» Die tägliche Routine des Lebens, sagt *Kabir*, steht dem *Simran* nicht im Wege. Die Dorfmädchen tragen, wenn sie Wasser holen gehen, einen Wasserkrug über dem anderen auf dem Kopf. Trotz des unebenen Weges sprechen und scherzen sie beständig miteinander, während die Krüge sicher auf ihren Köpfen bleiben, weil ihre Aufmerksamkeit beharrlich auf sie gerichtet ist. Auf ähnliche Weise darf man den *Simran* selbst inmitten des Durcheinanders des Lebens und der weltlichen Verpflichtungen nicht vergessen.[67]

Er nennt noch ein Beispiel: «Liebt das Gebet wie die Motte das Licht liebt. In seiner Flamme verbrennt sie, ohne auszuweichen.» Licht ist das Leben der Motte. Sie liebt es so leidenschaftlich, daß sie nicht zögert, sich zu Tode zu versengen, anstatt es zu meiden. *Kabir Sahib* sagt deshalb, daß wir den *Simran* wie unseren Lebensodem lieben sollten. Ob reich oder arm, ob gesund oder krank, im Wachen oder im Schlafen, sollten wir stets wie eine Motte bereit sein, unser Selbst in der Verehrung unseres Ideals zu opfern. Wieder sagt er: «Verliert euch in die liebevolle Erinnerung, so wie das Keet es beim Bhirangi macht, indem es fürwahr sich selbst verliert, um sich dem Bhirangi gleich zu erheben.» Das Bhirangi (ein Insekt) belebt, nachdem es ein Keet (ein anderes Insekt) fast getötet hat, letzteres wieder, indem es ihm seine starke Aufmerksamkeit schenkt. Wenn das Keet wieder ins Leben zurückgerufen ist, ist es nicht länger ein Keet, sondern wird ein Bhirangi-Lebewesen, das mit dem Lebensimpuls des letzteren angefüllt ist. Auf genau die gleiche Weise, sagt *Kabir*, wird jemand, der *Simran* übt und darin fest verankert ist, eine neue Geburt und ein neues Leben erhalten, das ganz anders ist als das alte Leben auf der Sinnesebene, das er bis jetzt geführt hat.[68]

Je mehr ihr eure Aufmerksamkeit auf den Meister richtet und in liebevollem Denken an ihn aufgeht, werdet ihr Empfänglichkeit entwickeln und fühlen, daß der Meister in euch ist und ihr im Meister seid, wie Paulus sagte: «Ich bin es, doch nun nicht ich, sondern Christus lebt in mir.» Der Liebende wird der Geliebte und der Geliebte wird der Liebende. Alle Unterschiede von Gemüt, Körper und Seele werden aufgehoben.[69]

Gewöhnlich sollte sich das Gemüt vollkommen der Arbeit widmen, die man verrichtet, denn Arbeit ist Gottesdienst. Aber wenn das Gemüt leer ist, sollte es nicht leer bleiben, denn ein leeres Gemüt ist die Heimstätte des Teufels. Es sollte immer beschäftigt bleiben, entweder mit der Wiederholung der fünf Heiligen Namen, oder in liebevollem Denken an den Meister, oder mit dem Hören des Tonstromes, wenn dieser schon so weit entwickelt wurde, daß er hörbar ist und ständig widerhallt.[70]

Während du irgendeine manuelle oder mechanische Arbeit verrichtest oder in deiner Freizeit kannst du fortfahren, die fünf Heiligen Namen zu wiederholen oder die ganze Zeit liebevoll ein Gebet aufsagen, und du wirst spüren, daß neue Stärke in dich dringt und daß jemand mit dir arbeitet und einen großen Teil deiner Arbeit mit dir teilt. Jede Zeitspanne während des Tages, wie kurz sie auch sein mag, soll auch der Meditation gewidmet werden, und diese wird dir Frische und wirkliche Energie für deine Arbeit schenken.[71]

Gedanken sind mächtiger als Taten. Du kannst negative, weltliche Gedanken meiden und göttliche Gedanken unterhalten, indem du eine tiefe Neigung zur beständigen, liebevollen Erinnerung an den Meister pflegst. Bitte verstehe, daß dies wie ein Harnisch für den Initiierten ist gegen die Attacken des Gemütes und der Materie, deren Angriffen er gnadenlos ausgesetzt ist. Es ist das tiefverwurzelte Ego, das das Gemüt von der Empfänglichkeit positiver, guter Gedanken ablenkt. Das Aufpassen auf die Gedanken schließt eine wachsame Haltung des Gemütes gegenüber den verschiedenen Lastern ein, die dir bekannt sind. Es ist ein schrittweiser Vorgang, bei dem die Laster durch erhebende Tugenden ersetzt werden.[72]

Das Gemüt hat ein riesiges Betätigungsgebiet. Es widerstrebt innerer Stille und Zurückgezogenheit mit dem Ergebnis, daß anstelle von Ruhe immer mehr Verwirrung eindringt. Du wirst gebeten, alle Gedanken, gleich welcher Art, während der täglichen Beschäftigungen zu meiden und dich zu bemühen, dein Gemüt festzuhalten, entweder durch den

Simran der kraftgeladenen Namen oder durch das liebevolle Denken an den Meister, oder durch das Hören auf den Heiligen Tonstrom, der von der rechten Seite kommt. Dies ist die erhabene Lösung für alle Probleme, die vom Gemüt hervorgerufen werden. Du wirst feststellen, daß solch ein heiliger Tagesablauf eine begrüßenswerte Auswirkung auf deine regelmäßigen heiligen Meditationen haben wird, die fruchtbarer werden mit wunderbarer Seligkeit und Harmonie.[73]

Gott ist bei jenen, die ihn in jedem einzelnen Augenblick lieben; sie sind sich seiner bewußt. Wenn wir jemanden wahrhaft lieben, wohnt dann derjenige nicht in unserem Herzen? Können wir in solch einem Fall jemand anderen lieben? Dieses beständige liebevolle Denken an eine geliebte Person kommt, nachdem man sie kennengelernt und Glück mit ihr erfahren oder in Harmonie zusammengelebt hat. Aber welche wahre Liebe kann man für jemanden hegen, den man nie gesehen hat, den man nicht kennt, mit dem man nie zusammen war? Dadurch, daß wir einfach sagen, wir lieben, können wir keine Liebe entwickeln.

Das Leben des *Gurmukh* wird also in beständiger Erinnerung verbracht. Sein neues Leben beginnt mit der Initiation, und dann lebt er vom Gedenken, vom Gedenken, vom Gedenken, welches jenes neue Leben verstärkt - es beginnt im Innern anzuschwellen. Wie der Mensch denkt, so wird er. Es beginnt mit dem Gedenken, aber schließlich geschieht dieses Gedenken von selbst. Das heißt, der Mensch ist genau zu dem geworden, woran er denkt. Nur jemand, der sein Herz einem anderen gegeben hat, weiß, was es bedeutet, sein Herz zu vergeben. Es ist eine praktische Angelegenheit, denn bei wahrer Liebe denkt man unaufhörlich an die geliebte Person - ständig. *Das Denken eines Gurmukh ist nur auf einen gerichtet - ununterbrochen.* Es dauert ohne Pause oder Ende an, nicht wie bei uns; wir denken oft mit Pausen dazwischen.

Was ist das für eine Liebe, die heute da ist und morgen wieder fort - heute liebt man den einen Menschen, morgen einen anderen? Liebe ist nur eins. Was sich verändert, ist keine Liebe. Und die wahrhaftigste Form der Liebe ist diejenige, welche die Seele durch die Erfahrung empfängt; sie verändert sich nie.[74]

Wenn du den *Simran* der kraftgeladenen Namen als die grundsätzlichen Namen Gottes im Meister annimmst, dann wirst du in der Lage sein, diese Namen mit Zuneigung, Liebe und Hingabe zu wiederholen.[75]

Wenn ihr den Herrn vergeßt, dann seid ihr gebunden. Ihr werdet dahin gehen, wo ihr gebunden seid.[76]

Ein Kind verläßt den Schutz der Wohnung mit den Eltern einen Tag lang, um einen Jahrmarkt zu besuchen. Es ist eine große Menschenmenge dort, aber solange das Kind die Hand der Mutter festhält, kann es nicht von ihr getrennt werden. Die Meister sagen: «Ich verlange nicht, daß ihr der Welt entsagt; ich bitte euch nur in allem, was ihr tut, an den Herrn zu denken.» Mit diesem Zitat sage ich nicht, daß ihr das Leben in der Welt aufgeben und den Weg in die einsamen Wälder einschlagen sollt. Ich meine, daß ihr Gott nicht vergessen sollt, ganz gleich, wo ihr seid oder was ihr tut. Es ist möglich, daß das Kind Lust hätte, die Hand der Mutter loszulassen, wenn es könnte, aber wenn die Mutter es ganz fest hält, wie ist dies dann möglich? Ihr solltet eure Hand zur Verfügung stellen, sie hingeben. Wenn ihr Gott nicht gesehen habt, dann könnt ihr euch einem Menschen hingeben, in dem Gott offenbart ist, einem Gottmenschen. Wenn ihr euch so dem Gott in ihm hingebt, wird Seine Hand euch immer festhalten. Versteht ihr, was ich sage?[77]

Gottes Gnade

Wie kann ein schwächliches Kind aus Lehm, kraftlos wie es ist, beständig von Gemüt und Materie heimgesucht, im Netz blinder Leidenschaft gefangen und bedrängt von Wünschen, Ärger, Habgier, Bindung und Ichsucht, aus eigener Kraft unbeschädigt entkommen und ein erfolgreicher Pilger auf dem Pfad werden?

In solch einer unheimlichen Lage, vertrackt, verwirrend, ausweglos, hat Gott Mitleid mit seinen Geschöpfen; er kommt selbst herab im Gewand eines gewöhnlichen Menschen, um Leid zu ertragen, damit seine Kinder gesegnet werden. Und doch stehen wir wieder dem gleichen Problem gegenüber: Die Lehren des Meisters zu verstehen und sie tagtäglich genau zu befolgen, ihm zu vertrauen und sich ganz und gar mit Körper und Seele seinem Willen hinzugeben, ist keine einfache Sache. Bevor nicht sowohl Gott als auch der *Satguru* mit einem *Jiva* (verkörperte Seele, A.d.Ü.) Mitleid haben, kann sein Blick weder zur Wirklichkeit durchdringen noch kann er Bindungen entrinnen.

Wir mit unserem begrenzten Verstehen können den Worten des Meisters nicht einmal verständnisvoll zuhören.

Aber wenn die Zeit reif ist und es Gott gefällt, dann bringt er ein Zusammentreffen zwischen einer Seele (*Jiva*) und einem *Sant Satguru* zustande, der dann die Verbindung mit *Naam* herstellt, der Gotteskraft oder dem wirkenden Gott, dem ursprünglichen Tonprinzip, durch das die Seele nach und nach weitergeleitet wird, bis sie die Quelle und den Ursprung von *Shabd*, dem Tonstrom, erreicht.[78] Allein durch die Gnade Gottes wird man initiiert.[79]

*Jene, die der Wahrheit nicht dienen,
vergehen wie ein abgebrochenes Schilfrohr.
Oh Nanak, wen der Meister segnet,
der wird mit Naam verbunden.
Nur durch ein besonderes Verdienst
trifft man den Satguru;
und er stellt eine Verbindung her
zwischen Surat und Shabd.
Einen Meister zu treffen,
ist ein Geschenk Gottes,
und ebenso die Vereinigung
mit Hari Nam (Gott).*

Der Meister ist das Ebenbild Gottes, wenn auch im menschlichen Gewand. Er ist mit den gleichen Eigenschaften ausgestattet wie Gott selbst. Er kommt, um die Sünder zu erretten und seine erlösende Gnade den übrigen Menschen zuteil werden zu lassen.[80] Die errettende Gnade kommt durch die Verbindung mit *Naam*, und andererseits hilft die beständige Hingabe an seine Liebe und Erlösergnade. Die Gnade und *Naam* wirken auf Gegenseitigkeit, und das eine hilft jeweils bei der Entwicklung des anderen.[81]

Die Segnungen des Höchsten Herrn sind grenzenlos und leiden zu keiner Zeit Mangel, jedoch nimmt man an ihnen nur durch einen außergewöhnlichen Vorzug teil. Ein winziges Teilchen Gnade ist genug, um die verkörperte Seele (*Jiva*) aus dem endlosen Kreislauf der Seelenwanderung zu erlösen.[82]

Seine Gnade kommt herab, wenn wir Sein *Bhana* (Willen) annehmen und Sein *Hukam* (Gebot) anerkennen.[83] Wer versteht den Willen des Meisters und befolgt ihn gewissenhaft? Einer, in dem die Gnade des Herrn wirkt.[84] Das Heilmittel für alle Übel und der einzige Weg, Gottes Gnade zu gewinnen, ist vollkommene Hingabe in aller Demut zu den Füßen der Meisterseele.[85] Nur die *Gurmukhs* (Ergebene des Meisters) empfangen seine Gnade, nicht aber die *Manmukhs* (die der Welt Ergebenen).[86] Die Gnade des Meisters ist so unbegrenzt wie seine Größe, so daß er selbst jenen vergibt, die schlecht von ihm sprechen, und sie als sein eigen annimmt.[87] Die Gnade des Meisters ist grenzenlos.[88]

Das *Kali Yuga* (Eisernes Zeitalter) ist auf seinem Höhepunkt und in voller Machtentfaltung, und deshalb sind dies des Meisters Gnade und Barmherzigkeit ebenfalls.[89]

Wir können Gott weder durch Schmeicheleien noch durch leeres Aufsagen gewinnen, und es ist auch nicht so, daß er etwa einen Gewinn oder Verlust erwarten müßte, je nachdem ob wir Gebete darbringen oder nicht. Barmherzig wie er ist, ist seine Gnade immer in jedem und allem gleicherweise am Wirken, denn wir können ohne sie nicht leben. Wir können aber diese Gnade zu unserem Vorteil anziehen, indem wir ein für sie geeignetes Gefäß werden. Demut und Glaube reinigen das Gemüt und machen es zu einem passenden Werkzeug für Gottes Gnade. Diese beiden Hilfsmittel unterstützen das Nach-Innen-Wenden der «Lotosblume» des Gemüts, die gegenwärtig auf die Sinne ausgerichtet ist. Solange wir nicht in der Lage sind, ihre Richtung nach oben zu lenken, kann Gottes Gnade nicht direkt hineinfließen. Gebete, so sie demütig und aufrichtig sind, helfen dabei, Harmonie zwischen dem Gemüt des Menschen und der Gnade Gottes herzustellen. Es braucht keine gerichtsmäßigen Argumente und keinen juristischen Scharfsinn zur Verteidigung unserer Taten und Bedürfnisse. Alles, was erforderlich ist, ist ein reines und liebevolles Herz, das auf Seine Gnade eingestimmt ist, dann wird diese automatisch zu ihm hingezogen.[90]

Gott ist alle Liebe, und wir können ihn nicht auffordern, noch liebevoller zu sein. Er ist allwissend und wir können ihn durch laute, starke Gebete um kein bißchen klüger machen. Vollkommenheit kann durch unsere Beteuerungen und Gebete nicht vollkommener gemacht werden. Wir müssen lernen «zu stehen und zu warten», wie der englische Dichter *Milton* (1608 - 1674) es ausdrückt, und Seine Gnade wird von selbst angezogen und den Urgrund unseres Seins überfluten.[91]

Die göttliche Gnade ist niemals säumig. Eine gute Mutter sagt nicht: «Willst du?», sondern sie gibt. Von den Suchenden erhalten diejenigen den Löwenanteil an göttlichem Glauben in den Meister, die mit niedergedrücktem Kopfe, schwerem Herzen, den schaudernden Qualen einer verlorenen Seele und stumm vor Ängsten kommen, damit ihnen ihre Sorgenlast genommen werde. Sanftheit ist keine Schwäche. Die Demut bildet eine festgefügte Straße, die allein zur gütigen Wirklichkeit führt.[92]

Reinheit

Ein vollendeter Meister, der fähig ist, die Erfahrung des inneren Lichts zu vermitteln, ist nicht leicht zu finden. Selbst wenn ihr einen findet, werdet ihr das Ziel ohne Reinheit im Leben und Vergebung nicht erreichen. Wenn ihr das, was ich gerade sagte, befolgt und danach handelt, werdet ihr von der Bindung an Materie und Gemüt befreit. Diese Tugenden werden euch höheres Bewußtsein vermitteln, und ihr werdet Glauben in die Existenz Gottes entwickeln. Was ist letztendlich der Zweck von Anbetung? Er besteht darin, einen festen Glauben in die Existenz Gottes zu entwickeln. Durch Selbstprüfung könnt ihr feststellen, in welchem Zustand ihr euch befindet.[93]

Deshalb sind Reinheit in Gedanken, Reinheit der Nahrung und Reinheit im Verhalten am wesentlichsten. Wenn unser inneres Selbst frei von allen Mängeln ist, werden das göttliche Licht und der himmlische Ton in der Stille des Herzens emporsteigen. Diese Stille selbst wird hörbar werden. Unsere Meditation ist nicht erfolgreich, weil wir den erforderlichen Stand erst noch erreichen müssen. *Kabir* sagt: «Ist unser Herz verunreinigt, werden wir aus dem Reich Gottes verstoßen.»[94]

Er ist stets bei uns und überschüttet uns mit seiner überreichen Gnade. Um ihn zu erkennen, ist jedoch ein reines Herz wesentlich. Kann man je erwarten, daß der Herr sich offenbart, wenn unser Herz nicht fleckenlos sauber ist? Der Herr kann nicht erkannt werden, solange unser Herz durch Lust, Ärger, Eifersucht, Gegenbeschuldigungen, usw. verschmutzt ist. Unsere Seele liegt schlafend und ist entweiht durch diese Laster. Genau wie ein Magnet kein staubbedecktes Eisen anzieht, wird auch Gott in uns die Seele nicht nach oben ziehen, solange das Herz nicht von allen Makeln befreit ist. In solch einem hoffnungslosen Zustand, kann nur ein kompetenter Meister zu unserer Rettung kommen. Das ist in der Tat die Größe einer Meisterseele.

Wenn zum Beispiel ein beladener Esel im Sumpf feststeckt, so kann er durch seine eigenen Bemühungen nicht herauskommen. Aus reinem Mitleid muß jemand anderer dem Esel die Last abnehmen und ihn herausziehen. Auch wir sind mit Bergen von Eindrücken aus zahlreichen vorhergegangenen Geburten beladen und zusätzlich im Schleppnetz sinnlicher Vergnügen gefangen. Deshalb besteht kaum ein Unterschied zwischen uns und dem beladenen Esel. Wir brauchen daher ebenfalls eine mitfühlende Seele, die selbst vollkommen frei ist, um uns zu entlasten und uns aus unserem Unglück herauszuziehen; nur dann werden wir in der Lage sein, die Wirklichkeit zu sehen. Die Größe einer solchen Meisterseele ist tatsächlich jenseits jeder Beschreibung. Solch ein kompetenter Meister befähigt uns, die Wahrheit zu schauen, nachdem er uns von der Auswirkung der Eindrücke aus der Vergangenheit befreit und unsere Aufmerksamkeit über das körperliche Bewußtsein gebracht hat.[95]

Um vollen Segen aus der Gemeinschaft mit einem Heiligen zu ziehen, muß man selbst rein sein.[96] Jene Folgen, die als das Ergebnis der negativen Kraft betrachtet werden, werden uns niemals berühren, wenn wir ein reines Leben führen. Die negative Kraft ist ein mächtiger Richter und in ihrem Strafmaß sehr gerecht. Ihre Feder schreibt entsprechend unserer eigenen *Karmas*. Was zeichnet also Reinheit und Güte aus? Ein Gemüt, das ganz und gar Gott ergeben ist. Dadurch werden alle Schwierigkeiten und aller Streit enden. Zieht sich aber das Gemüt von Gott zurück und hängt sich an etwas anderes, dann wird alles, was dieser Mensch tut, ihn weiter von Gott wegbringen. Und je weiter er sich entfernt, desto größer die Sünde. Das ist wirklich die richtige Beschreibung von Sünde. Die negative Kraft sagt: «Wenn die Menschen rein werden, werde ich nie mehr jemanden bestrafen.» So ist am Hofe der Heiligen dies die höchste Lehre, das Geheimnis aller Geheimnisse: Gott wird durch den gewonnen, der sein Gemüt hingibt.[97]

Glaube

Es ist eine Tatsache, daß niemand einen wahren Meister finden oder erkennen kann, solange und bevor es dem Meister nicht beliebt, selbst sein eigenes Wesen zu enthüllen zur innersten Befriedigung dessen, der seinen Glauben in den Meister bestätigt zu sehen wünscht. Dies geschieht entsprechend dem Maß der Empfänglichkeit (des Schülers) und bis zu dem Grad, den sein Verständnis und seine Liebe ihm ermöglichen. Es ist einzig von der Güte und liebevollen Gnade Gottes durch den Meister abhängig. Manche erhalten entsprechend ihrer Wünsche Anhaltspunkte. Bei einigen wird der Glaube an ihren Meister gefestigt, wenn ein Schüler auf wunderbare Weise aus irgendeiner Gefahr errettet wird. Eine günstige Antwort auf Gebete zum Meister bestätigt den Glauben bei anderen. Dann gibt es solche, die angelesenes Wissen haben. Sie sind zufrieden durch die in Büchern niedergelegten Beispiele anderer Menschen und erhalten ihre Bestätigung auf diese Weise. Die Meister vermögen die Fähigkeit und das Ausmaß von jedermanns Verstand zu messen und verleihen dementsprechend Glauben. Heilige kennen die Verdienste und Schlechtigkeiten aller Menschen, aber sie enthüllen diese niemals.[98]

Wie glücklich ist ein Kind, das voller Vertrauen in den starken, beschützenden Armen und der liebevollen Fürsorge des Vaters ruht und sich vollkommen hingibt! Es wird dadurch frei von Sorgen, indem es all die Arbeit dem barmherzigen und gütigen Vater überläßt, damit er die Dinge so regelt, wie er es für das beste hält. Solch ein Leben wird höchst angenehm. All seine Probleme werden einfacher und sein Weg wird frei geebnet. Die Meisterkraft spendet beständig jede nur mögliche Hilfe und alle Segnungen. Laßt unser Vertrauen voll in Ihm ruhen! Die Glücklichen tun, was der Meister sagt und erhalten jede notwendige Unterstützung, und das trägt viel dazu bei, die Schwere der karmischen Schulden zu mildern. Die Schwierigkeiten und Bedrängnisse kommen zwar, aber sie gehen vorbei, ohne eine häßliche Spur zu hinterlassen. Bitte, sei nicht entmutigt![99] Er läßt seine Kinder nie im Stich.[100]

Wenn du dich selbst vollkommen in die Hände Gottes gibst, wird er sich sicherlich um dich kümmern. Einst ging ein Mann für zwölf Jahre in die Wildnis und hängte sich an eisernen Ketten kopfüber in einen Brunnenschacht. Ein

Bauer kam vorbei und fragte: «Was machst du da?» «Ich warte auf Gott.» Der Bauer sagte: «Oh, das ist es also, was man tun muß, um Gott zu finden», und er lief schnell los, um sich ein Seil aus Gras zu machen. Obgleich dieses Seil so schwach war, hängte er sich daran über ein nahegelegenes Wasserloch. Zehn Minuten später fragte der Bauer den anderen: «Ist dein Gott schon gekommen?» «Nein!» «Oh,» sagte der Bauer, «meiner schon!» «Was,» erwiderte der andere, «wie kann dies nach nur zehn Minuten sein? Ich bin schon zwölf Jahre hier.» Der Bauer hatte keine eisernen Ketten, sondern setzte, als er den Weg zu Gott erfahren hatte, sein ganzes Vertrauen auf ihn, ohne auf sein Leben zu achten.[101]

Gebet und Dankbarkeit

Das Gebet ist der Schlüssel, der das Himmelreich aufschließt. Es zieht die Schleusentore auf und entläßt von innen riesige Kraft und einen Reichtum an Hilfsquellen.[102] Gebet und Dankbarkeit sind eng miteinander verwandt. Ein dankbares Herz wird zur Wohnstatt aller Tugenden.[103] Suche immer seine göttliche Führung, indem du seine Gnade durch demütiges Flehen und das innere starke Sehnen nach seinem Anblick (*Darshan*) anrufst.[104]

Ein diszipliniertes Leben ist ein großer Vorteil. Mache es dir zum Grundsatz, immer glücklich, fröhlich und dankbar zu sein.[105] Die einzige Pflicht des Menschen ist, Gott immerdar für seine unzähligen Gaben und Segnungen dankbar zu sein.[106]

Demut

Alle Meister der Vergangenheit und Gegenwart sagen: «Das Reich Gottes ist für diejenigen, die demütigen Herzens sind.» So viele von uns - oh weh! - sind stolz, hochmütig und im Ego verloren. Blind für die Weisheit wandern wir von Dunkelheit zu Dunkelheit.

Der Gott, der Millionen beherrscht, ist das Ego. Setzt den Gott der Liebe auf den Thron eures Herzens und hört auf zu wandern! Was kann man tun, um das zu erreichen? Werdet so demütig wie Asche und Staub!

Die Welt ist voll von Stolz auf Reichtum, Macht oder Gelehrsamkeit. Wir aber sollten demütig und einfach sein und uns jeglichen Empfindens des Egos entledigen, damit der Herr mit uns tun kann, was er möchte.[107]

Die wahrhaft Bescheidenen sind die wahrhaft Glücklichen. Aus Mangel an Bescheidenheit führen Männer und Frauen ein unerträgliches, unwürdiges Leben. All dieses Unglück kommt von innen. Nicht eine Änderung in unseren Umständen ist erforderlich, sondern die Befreiung von der Knechtschaft des kleinen Selbst, des gemeinen Egos, das als Tyrann regiert und uns der Glückseligkeit beraubt, die unser Erbe als Kinder Gottes ist. Wir befinden uns sozusagen in einem Käfig der Ichbezogenheit, und solange dieses Gefängnis nicht durch den Schlüssel der Demut geöffnet wird, ist der Schwanenvogel Seele nicht frei und kann nicht zu den Regionen des Glanzes und der Freude fliegen.[108]

Wenn das Licht der Demut in der Seele dämmert, schwindet die Dunkelheit des Egoismus, und die Seele lebt nicht länger für sich selbst, sondern für Gott. Die Seele verliert sich selbst in Gott, lebt in Gott und wird in ihn umgewandelt. Das ist die Alchemie der Demut. Sie verwandelt das Niedrigste in das Höchste.[109]

Augustinus sagte, der Weg zu Gott sei «als erstes Demut, als zweites Demut und als drittes Demut.» Wer stolz ist auf Besitz oder Gelehrsamkeit oder auf Einfluß und Macht, wird nicht zu einem Heiligen gehen, es sei denn, er ist demütig. Selbst wenn er zum Heiligen ginge, sich aber als ihm überlegen betrachtete, würde er nicht auf ihn hören. Ein Glas, das über den Wasserbehälter gehalten wird, bleibt leer, bis man es darunter stellt. Was ihr wißt, das wißt ihr. Hört dem anderen nur zu, vielleicht könnt ihr etwas von ihm lernen.

Ja, die Zweige eines fruchtbeladenen Baumes bewegen sich ganz von selbst nach unten. Ebenso beugt sich der Mensch, der sich selbst verliert und Gott findet - ihn überall und in jedermann findet - vor allen und bietet allen seine aus dem Herzen kommende Ehrerbietung an. Das ist wahre Demut. Sie ist nicht ein erzwungenes Gefühl der Niedrigkeit.[110] So jemand lebt in Einheit mit allen. Er ist in den anderen, und die anderen sind in ihm.

Es ist das heuchlerische Ego-Selbst, welches das Gefühl von Disharmonie und Getrenntsein wachsen läßt. Ist das Trugbild des Egos zerbrochen, fühlt man: «Ich bin nicht von den anderen getrennt, sondern sie sind Teile des Einen, Gottes, des Meisters, und wir alle dienen in gleicher Weise Gott.»

Jeder von uns ist auf seine Weise einzigartig. Dem Leben eines jeden einzelnen, der in diese Welt kommt, liegt ein göttlicher Zweck zugrunde. Kein einziger wurde sinnlos erschaffen. Von jedem haben wir etwas zu lernen. Das ist das Geheimnis der Demut.

Der wahrhaft demütige Mensch vergleicht sich nicht mit anderen. Er weiß, daß keiner von uns, so entwickelt er auch sein mag, vollkommen ist. Keiner von uns ist in sich selbst vollkommen. Der bescheidene Mensch denkt nicht, der eine sei besser als der andere; er glaubt an die Göttlichkeit von jedem einzelnen. Wenn jemand sagt, er sei besser als andere und besteht darauf, dann ist er noch nicht vollkommen.

Erst wenn der Mensch seine Nichtigkeit erkennt, kommt Gott und erfüllt ihn mit Sich selbst. Wo der Mensch ist, da ist Gott nicht; wo der Mensch nicht ist, da ist Gott. Gott kann das Herz eines Menschen, der nur sich selbst sucht, nicht betreten. Wer von sich selbst eingenommen ist, der glaubt, er stehe höher als andere und setzt sich somit selbst Grenzen. Gott ist ohne Begrenzungen. Wie kann der Grenzenlose den Begrenzten betreten?[111]

Wahre Demut bedeutet Freiheit von allem Bewußtsein des eigenen Selbst und schließt das Freisein vom Bewußtsein der Demut ein. Der wahrhaft Demütige ist sich nie bewußt, daß er demütig ist.[112]

Der Demütige macht kein Aufheben. Er ist in Harmonie mit sich und den anderen. Er ist mit einem wundersamen Gefühl des Friedens beschenkt. Er fühlt sich sicher und beschützt wie ein Schiff im Hafen, unberührt von heulenden Stürmen und peitschenden Wellen. Er hat Zuflucht gefunden zu den Lotosfüßen des Herrn, und die Stürme der sich stets wandelnden Umstände haben keine Macht über ihn. Er fühlt sich leicht wie Luft. Die Lasten, die wir unser Leben lang tragen - die Last des Egos und seiner Wünsche - hat er beiseite gelegt, und er ist beständig ruhig und gelassen. Da er alles aufgab, hat er nichts zu verlieren, und dennoch gehört ihm alles, denn er gehört Gott, und Gott ist in ihm. Weil er die Bande des Wünschens zerrissen hat, ist er mit einem Stück trockenen Brotes genauso glücklich wie mit einem aufwendigen Mahl. In jeder Lage und in jedem Lebensumstand preist er die Namen Gottes.

Wer demütig sein will, betrachtet sich als Schüler. Er lernt viele neue Dinge, aber was noch schwieriger ist, er verlernt vieles, was er gelernt hat. Ein Gelehrter kam zu einem

Heiligen und sagte: «Oh, der du das Geheimnis siehst, sage mir, was ich tun soll, das göttliche Leben zu leben?» Und der Heilige erwiderte: «Geh und verlerne alles, was du gelernt hast, und dann komm und sitz vor mir!»[113]

Wer den Weg der Demut beschreiten möchte, muß seine frühere Lebensweise aufgeben. Er muß Meinungen aufgeben, die er gebildet hat, die Maßstäbe, an die er gewohnt war. Er muß das Leben auf völlig neue Weise betrachten. Die Dinge, die die Welt anbetet, haben für ihn keinen Wert. Seine Werte sind völlig anders als diejenigen anderer Menschen. Üppige Nahrung, schöne Häuser, kostbare Kleider, Positionen mit Macht und Einfluß, die Zustimmung der Leute, Ehrenbezeichnungen und Titel ziehen ihn nicht mehr an. Er fühlt sich zu einem Leben in Schlichtheit hingezogen. Er ist glücklich, ein verborgenes Leben im Verborgenen Herrn zu leben.

Für die Welt ist er tot; in Gott lebt er. Manchmal benimmt er sich tatsächlich so, als wäre er tot.

Ja, der wahrhaft Demütige ist in diesem Sinne tot. Er ist «gestorben». Gott allein lebt in ihm. Sein Ego wurde aufgelöst. Sein Selbst ist in Gott aufgegangen und Gott allein bleibt. Gott wirkt in ihm und durch ihn, und Gott strahlt aus seinen Augen. Gott spricht in seinen Worten. Auf seinen Füßen geht Gott über die Erde, durch seine Hände gibt Er allen Seine Segnungen.

Solche Menschen sind die wahre Stärke der Welt - ihre Erleuchtung und Inspiration. Sie zu sehen, heißt, bei Gott zu sein, denn Gott wohnt in ihnen. Sie sind die lebendigen, sich bewegenden Tempel des Herrn. Sie sind es, die die Welt in Gang halten, obwohl sie das selbst nicht wissen. Die ganze Erde hängt von ihnen ab, ohne daß sich jemand dessen bewußt wäre. Ihre Herzen und Gemüter sind in Einklang mit dem Großen Herzen und Gemüt der Menschheit. Sie sind in vollkommener Harmonie mit allem, das lebt. Sie geben ihre

Liebe allen Lebewesen, als wären sie Söhne einer einzigen liebenden Mutter. Sie haben alle Fesseln gesprengt und sind in die Freiheit der Kinder Gottes eingetreten. Gott tut ihren Willen, denn sie ließen ihren Willen in seinem aufgehen. Gott erfüllt ihren geringsten Wunsch, denn er ist es, der alle ihre Wünsche wünscht. Sie sind die kleinen Erlöser der Menschheit.

Ich wünsche von jedem von euch, daß er die Lektion der Demut befolge, die aus Liebe und Einfachheit geboren ist.[114]

Hingabe

Wenn ihr also wollt, daß eure Hingabe an Gott, eure Liebe zu ihm Frucht trägt, dann seid ihm voll und ganz ergeben. Denkt an ihn, seht ihn, hört von ihm und erkennt ihn. Die uns auf dem Weg helfen, denen sind wir dankbar. *Bhakti*, die Hingabe, wird nur Früchte tragen, wenn ihr dem Einen so voll und ganz ergeben seid, daß ihr euch selbst vergeßt.[115]

Gott ist Eins, und er möchte, daß jeder zu ihm ganz allein geht. Man sollte nicht einmal an den Körper denken, den man trägt, nicht daran denken, daß man selbst oder daß *Isht* (das Objekt der Hingabe) da ist.[116]

... Seid eine Zeitlang voll und ganz hingegeben. Tut eine Sache zu einer Zeit. Habt ihr eine solche Hingabe, und sei es nur für wenige Minuten, so wird sie fruchtbar sein. Wenn ihr aber stundenlang sitzt und eure Aufmerksamkeit ist zerstreut und an so viele Dinge verteilt, so wird eine derartige Hingabe keine Frucht bringen. Jetzt schaut, wo ihr steht.[117]

Das Gebet, das von Herzen kommt und durch Gedanke und Zunge Ausdruck findet, wird erhört werden. Wenn du betest, solltest du in dein Kämmerlein gehen und ganz alleine beten.

Bist du voll Vertrauen in dein Gebet und in die Existenz dessen, zu dem du betest, und seine Kompetenz, und kommt dieses Gebet aus deinem Herzen, so wird es natürlich beantwortet. Als Beispiel gibt es die Geschichte der vier Arten von Hingabe, die Frauen für ihre Ehemänner haben. Die erste ist mit anderen Männern verbunden, obwohl es äußerlich scheint, als sei sie ihrem Gatten voll und ganz ergeben. Um die Wahrheit zu sagen: Ehefrauen und Männer sollten sein wie eine Seele, die in zwei Körpern wirkt. Wir sind wie die Frau, die ihrem Mann äußerlich ergeben ist, aber immer an andere denkt. Wir haben keine Überzeugung, wir sind Gott oder dem Meister nicht voll und ganz ergeben. Manche Frauen sind ergeben, aber sie möchten eine Belohnung dafür. Diese Art Hingabe ist zweitrangig. Wenn sie nicht erhält, was sie möchte, nimmt sie es übel. Die dritte Art von Frau wird ihren Gatten bitten, wenn sie etwas möchte, bleibt ihm jedoch ergeben, ob er es gibt oder nicht. Aber die vierte und höchste Art der ergebenen Frau wird denken: «Nun, mein Mann kennt meinen Zustand. Er sieht mich täglich und wird sich um meine Bedürfnisse kümmern. Wenn ich in diesen abgetragenen Kleidern für ihn annehmbar bin, was kann ich dann mehr wollen!» Das ist die höchste Form der hingebungsvollen Seelen. Ob wir reich oder arm, glücklich oder verzweifelt sind, Er sieht unser Schicksal. Schließlich sind wir alle Seine Kinder, nicht wahr? Diese Art ist also die höchste Form der Hingabe.[118]

Kabir sagt: «Was ist das Merkmal eines Menschen, der Gott ganz und gar ergeben ist? Wenn selbst im Tiefschlaf das Wort «Gott» oder «Meister» aus seinem Mund kommt, so ist solch ein Mensch Gott voll und ganz ergeben. Was würde ich ihm anbieten? Ich würde mein Fleisch, meine Haut anbieten, um daraus Schuhe für Seine Füße zu machen!» Versteht ihr, welche Art der Hingabe volle Frucht trägt? Es ist jene, die dem

Einen voll und ganz ergeben ist. Unser Gemüt gibt sich so vielen Dingen hin. Solch eine Hingabe wird keine Frucht tragen. Möchten wir, daß unsere Hingabe Tag für Tag fruchtbar ist und wir die Früchte noch während unseres Leben sehen, dann sollte unsere ganze Aufmerksamkeit an die Füße des Herrn geheftet sein oder an die des sich im Gottmenschen offenbarenden Herrn. Das Ergebnis wird sein, daß ihr nicht an die Welt gebunden seid, wenn ihr die ganze Welt um Seinetwillen liebt.[119]

Bemüht euch also, in der lebendigen Gegenwart zu leben! Vergeßt Vergangenheit und Zukunft und erfüllt jeden Augenblick eures Lebens mit einfachem Vertrauen in ihn in völlig liebevoller Hingabe. Er wird sich euch offenbaren, wenn ihr euch entscheidet und Ihm euer Gesicht zuwendet.[120]

Der Schüler erreicht sein letztendliches Ziel entsprechend seiner eigenen Aufrichtigkeit, Treue und Hingabe zum Meister.[121]

Je mehr man den Worten des Meisters Wichtigkeit beimißt, desto mehr wächst man in der Gnade. Wahre Hingabe an den Meister besteht in der Annahme und Ausführung dessen, was er gebietet. *Guru Ram Das* weist uns eindringlich darauf hin, daß der Gedanke an den Meister ein beständiger Begleiter sein sollte - ganz gleich, was wir auch tun. Der Meister ist in seinen Worten verborgen, und seine Worte sind in der Tat der wahre Meister.[122]

Wir sollten unseren Gehorsam und unsere Hingabe darbringen und den Rest der Arbeit ihm überlassen.[123]

Hindernisse für die Hingabe

Als allererstes sollten die Frauen und die Männer nicht immer an das andere Geschlecht denken oder derartige Erzählungen lesen - Liebeskummergeschichten, möchte ich sagen - , die lüsterne Gedanken vermitteln. Wenn ihr nicht beständig an den Meister denkt, wird er beiseite gelassen und die andere Person, an die ihr denkt, sei es Mann oder Frau, tritt dazwischen. Was kommt dabei heraus? Euer innerer Fortschritt wird angehalten, denn ihr seid anderweitig vergeben. So sollten Frauen und Männer nicht solche Bücher lesen, in denen Liebesgeschichten erzählt werden. Die Frauen sollten nicht an die Männer und die Männer nicht an die Frauen denken. Dies ist das erste Hindernis auf dem Weg. Das bedeutet nicht, daß wir niemanden lieben sollten. Nur um des Meisters oder um Gottes willen sollten wir alle lieben, die zu ihm gehen.[124]

Aus Hingabe heraus mögt ihr lieben, aber es sollte um des Meisters willen sein. Ansonsten ist dies eins der wirkungsvollsten Hindernisse, durch das die Menschen weggetrieben werden, und ihre Aufmerksamkeit wird von einem höheren Ort zu einem niedrigeren abgelenkt. Das ist das eine. Das andere ist, wenn ihr immer über Geld lest und daran denkt, daß dieser oder jener Millionär geworden ist, oder wenn ihr Gesprächen über dieses Thema zuhört, werdet ihr Habgier in euch entwickeln. Zum dritten wird ein Mensch an dem Umgang, den er pflegt, erkannt. Haltet also nicht Gemeinschaft mit einem Menschen, der sich diesen beiden Dingen verschrieben hat, denn durch den Umgang werdet ihr ihm gleich werden. Jene Gedanken werden immer in eurem Gemüt widerhallen. Das vierte Hindernis ist, daß ihr manchmal an einen Feind von euch denkt oder daran, daß jener Mensch gegen euch ist. Das kommt immer in eure Gedanken, wieder und wieder denkt ihr an ihn, und das erzeugt Haß in euch. Manchmal, wenn wir Name und Ruhm erstreben, denken wir daran, daß der und der in der Welt hochkommt, daß jener bekannt wird, und ihr möchtet wissen, warum ihr das nicht erreicht. Solch ein Mensch mag vielleicht zuerst ergeben gewesen sein. All diese Dinge, die ich genannt habe, stehen eines nach dem anderen im Weg, und so trägt eure Hingabe keine Frucht.[125]

Ein anderes Hindernis ist, wenn jemand euch ergeben ist. Ich will euch ein Beispiel nennen: Nehmt an, ihr habt hundert Rupien oder Dollar auf eurem Bankkonto. Jeder, der an euch in aller Hingabe denkt oder auf euch blickt, schickt euch eine Lastschrift. Derjenige, der euch ergeben ist, will für diese Hingabe etwas als Gegenleistung von euch, ob ihr nun Geld auf eurem Konto habt oder nicht. So geht ihr bankrott, denkt daran! Wer etwas geben kann, erwartet etwas als Ausgleich zurück. Niemand kann euch auch nur ein Glas Wasser geben, ohne daß eine Absicht dahinter stünde. Gibt euch jemand Süßigkeiten oder sonst etwas, wird er etwas zurück erwarten. (Den Meister können wir hier außer acht lassen - er ist ein selbstloser Diener.) Ob ihr nun etwas geben wollt oder nicht, es wird euch belasten. Versteht ihr mich jetzt? Deshalb sagen alle Meister: «Verdient euer eigenes Geld, lebt von eurem eigenen Verdienst und teilt mit anderen!» Geben und Nehmen sollte stattfinden. Selbstloser Dienst zum Wohle des Werkes ist etwas anderes. Dafür solltet ihr keine Gegengabe erwarten. Nur dann ist es ein selbstloser Dienst, nicht auf andere Weise. Wenn ihr wollt, daß etwas getan wird, dann gebt ihr etwas.[126]

Manchmal schauspielern wir und verstellen uns, und wir werden zu dem Gespielten. In Wirklichkeit seid ihr es nicht, ihr betrügt euch selbst - zuerst betrügt ihr Gott in euch, und dann die anderen. Wie lange kann dies anhalten? Schließlich muß die Katze aus dem Sack. Ihr solltet also nicht an das andere Geschlecht denken, ob ihr nun Mann oder Frau seid. Wenn ihr immer an den Körper denkt, werdet ihr natürlich an das andere Geschlecht denken. Christus sagte, Ehemänner sollten ihre Frauen lieben, wie Christus die Kirchengemeinde liebte. Selbst Ehemann und Ehefrau sollten aneinander nicht als Mann und Frau denken. Eine ihrer Pflichten mag es sein, Kinder zu bekommen, aber das ist nicht alles. Das Wesentlichste ist, einen Lebensgefährten zu haben zu dem Zweck, daß beide Gott erreichen.

Als erstes sollten also die Männer nicht immer an die Frauen denken, und die Frauen sollten nicht zu sehr an die Männer gebunden sein. Wenn ihr einander lieben müßt, dann liebt euch um des Meisters willen und vergeßt euer Geschlecht. Das zweite ist, wenn ihr mit jemandem beisammen seid, der sehr wohlhabend ist, und ihr stets in seiner Gemeinschaft seid, so werdet ihr diese gewisse Sache auch für euch haben wollen. Habgier wird in euch heranwachsen. Das dritte ist, daß man einen Menschen an der Gesellschaft erkennt, die er pflegt. Das Beisammensein mit anderen entwickelt deren Eigenschaften schnell in uns, ganz gleich, welche Gesellschaft dies ist. Das vierte ist Schauspielern und Verstellen und wenn man etwas nur wegen Name und Ruhm oder aus Konkurrenzdenken heraus tut. Das sind die Dinge, die unserer Hingabe im Weg stehen.[127]

Wenn ihr einen guten Gefährten habt, um so besser, ansonsten bleibt allein mit euch selbst, mit dem Meister oder Gott in euch. Wenn ihr auf diese Weise lebt, wird euch eure Hingabe oder *Bhakti*, auch wenn ihr sie nur kurze Zeit übt, mehr, hundertmal mehr einbringen als im anderen Fall. Auf jene Weise geht die Hingabe verloren. Ein weiteres Hindernis ist, daß diejenigen, die nicht an Gott glauben, natürlich auch in euch einige Zweifel erwecken. Meidet also all diese Dinge! Wenn ihr gute Gemeinschaft haben könnt, in der ihr Liebe zu eurem Meister oder zu Gott entwickeln könnt, schön und gut, wenn nicht, dann lebt allein.

Es gibt noch etwas, das uns im Weg steht, und das alle betrifft, seien sie Repräsentanten, Gruppenvertreter oder irgend jemand anderer. Das ist, wenn sie sagen: «Ich bin größer als der andere.» Sie spielen sich auf und geben an, sie möchten der Boss sein, und das ruft natürlich Haß hervor, und das Ergebnis ist, daß kein Fortschritt erzielt wird. Diese Haltung wird mit der Zeit wie in einer Kirche und zum Zwang. *Sant Mat* jedoch, die Lehre der Meister, ist durch und durch gefärbt mit Demut, Bescheidenheit und Liebe.[128]

Gestern also sprach ich über diese Dinge, die, wenn ihr sie befolgt, euch mehr Ergebnisse in eurer Hingabe bringen. Heute spreche ich darüber, welches die Dinge sind, die Hindernisse auf dem Weg zur Hingabe darstellen. Dies wird erklärt, und ihr müßt es beachten. Je mehr ihr diese Dinge befolgt, desto mehr Fortschritt werdet ihr haben. Manchmal schreitet ihr fort, und dann fühlt ihr euch plötzlich leer. Warum? Das kommt daher, weil sich auf dem Weg etwas anderes eingemischt, dazwischengeschaltet hat. Wir müssen also sehr vorsichtig sein. Denkt an Gott oder den Gottmenschen in all euren Angelegenheiten. Laßt die Nadel eures Kompasses immer nach «Norden» zeigen, dann seid ihr sicher! Liebt einander um des Meisters willen! Wenn ihr einander um des betreffenden Menschen willen liebt, wird das eurer Liebe zum Meister im Weg stehen. Liebt ihr den Meister, so haltet seine Gebote.[129]

Die Worte des Meisters

Wenn ein Mensch zum Meister kommt, muß er mit einer aufgeschlossenen Haltung kommen. Da er weiß, daß ihm all seine Bemühungen, als einzelner wie auch in der Gruppe, bisher die Erlösung nicht sichergestellt haben, sollte er ihnen Lebewohl sagen und den Meister um seine Anweisungen in Bezug auf die spirituellen Übungen bitten.

Hat er diese Anweisungen erhalten, muß er sie äußerst gewissenhaft befolgen und das allein sollte seine einzige Hingabe sein. Was der Meister auch sagt, muß als unumstößliche Wahrheit angesehen werden, ganz gleich, ob es der Prüfung durch den rein menschlichen Verstand standhält oder nicht. Unser Intellekt und unsere Schlußfolgerungen sind letztendlich beschränkt und können die Tiefen, in die der Meister vordringt, nicht erreichen. Er kennt das Warum und Wofür seiner Anweisungen und er gibt seine Befehle wie ein voll verantwortlicher Feldmarschall. Wir müssen deshalb lernen, ihm wie ein echter Soldat genauestens zu gehorchen, und das zu tun, was er gebietet.[130]

Wir sollten uns bemühen, die Lehren des Meisters und das, was ihnen zugrunde liegt, sorgfältig zu verstehen und nicht die Zeit in intellektuellen Disputen und mit Beweisführungen vergeuden. Wenn der Offizier den Befehl erteilt zu schießen, dann muß der Soldat schießen, und die Verantwortung für diese Entscheidung trägt der Offizier. Unsere Pflicht ist also zu gehorchen und, wenn nötig, zu sterben! Solange unser Gemüt sich nicht zu diesem Zustand des Gehorsams entwickelt, werden wir nicht den vollen Nutzen von dem erhalten, was uns *Naam* (das Wort) anzubieten hat. Dem *Guru* sind die Wege zur Spiritualität wohlbekannt.[131]

Bloßes Lippenbekenntnis für den Meister macht sich niemals bezahlt. Der Meister möchte volle Hingabe dem gegenüber, was er sagt, denn darin liegt das, was letztendlich gut ist für den Schüler.[132]

Diejenigen, die den Meister von Zeit zu Zeit treffen, lieben ihn immer mehr; und wer seine Worte als die Wahrheit betrachtet, wird vom Herrn geliebt. Was auch immer das Gebot des Meisters sei, es muß mit unerschütterlicher Festigkeit befolgt werden, so daß ihr in die Lage versetzt werdet, *Shabd* (das Wort, der Tonstrom) zu ergreifen, das euch zurückführen wird in eure Heimat.[133] Liebe zu Gott bedeutet bedingungslosen Gehorsam ihm gegenüber.[134]

Die Worte des Meisters können vom Meister nicht getrennt werden. Aus der Fülle des Herzens spricht der Mund. Der Meister ist in das Wort eingebettet, und seine Worte sind ein Ausdruck dessen, was in ihm ist: das Wort, nämlich der Lebensimpuls und die Kraft. Wie könnten die beiden dann voneinander getrennt werden? Seine Worte durchdringen unzweifelhaft die Herzen der Anhänger, und keiner sonst kann die süßen Qualen, die diese erleiden, ermessen.[135]

Es ist absolut notwendig, dem Willen des Meisters zu gehorchen, denn darin liegt das Wohl des Schülers. In der Tat treffen viele Leute den *Satguru*, aber das ist nicht genug. Für die Erlösung muß man ihm in Gedanken, Wort und Tat gehorchen.[136] Wer jedes Wort des *Gurus* befolgt, wird den Herrn erkennen. Wir aber erlauben uns, seine Gebote nach unserem eigenen Denken zu verändern.[137]

Manche hören so zu, daß sie das Gesagte mit dem einen Ohr aufnehmen und zum anderen geht es wieder hinaus. Andere hören etwas und sprechen gleich darüber, daß sie so viel wissen. Beides bringt euch keinen wirklichen Nutzen, solange nicht das Gehörte ein fester Bestandteil eures Lebens wird. Die Nahrung, die verdaut wird, gibt euch Stärke; wird sie nicht verdaut, kommen Krankheiten zum Vorschein wie Eitelkeit und anderes.[138] Wir machen aus dem Befolgen der Gebote des Meisters eine äußere Schau, leben aber nicht wirklich nach ihnen. Selbst in seiner Abwesenheit sind Gebote Gebote. Das Gebot selbst ist der *Guru*, ist der Meister. Wer den Worten des Meisters Gehorsam leistet, ist sicher, frei zu werden.[139] Selbst wenn ihr die Worte des Meisters blind befolgt, werdet ihr Nutzen davon haben.[140]

Wer sich nach den Wünschen des Meisters richtet, weiß, was Gott ist. Aber beachten wir sie? Wenn wir sie nur für sechs Monate genauestens befolgen würden, könnten wir eine wunderbare Veränderung in unserem Zustand sehen. Ihr könnt in diesem jetzigen Leben Erlösung erlangen.[141]

Darshan, der Anblick des Meisters, mag euch zeitweilig Frieden und Gemütsstille vermitteln, aber sobald ihr weggeht, fängt das Gemüt wieder an zu randalieren und herrscht unangefochten über Körper und Seele. Und so zählen auf dem Pfad des Meisters ausschließlich das Tun und die Ausübung. Die Worte des Meisters sinken tief in das Herz hinein; man kann sich kaum vorstellen, ihm nicht zu folgen.[142]

Die negative Kraft kommt dazwischen, wenn wir nicht wirklich lieben, nicht wirklich folgen, oder nur soweit, wie unser Gemüt einverstanden ist. Das wird die Kraft des Negativen genannt.[143]

Es mag sein, daß der Meister etwas sagt, was eurem Intellekt nicht gefällt, aber was ist eure Pflicht? Wenn der Offizier auf dem Schlachtfeld befiehlt: «Feuer!», was wird der Soldat dann tun? Er muß schießen! Der Meister wird nie etwas sagen, das schädlich ist. Es mag sein, daß ihr zu der Zeit nicht versteht, was er sagt, aber er verfolgt einen edlen Zweck, der dahintersteckt und zu eurer Besserung dient.[144] ... Unbedingter Gehorsam und ehrfurchtsvolle Demut sind zwei der hilfreichsten Faktoren für den spirituellen Fortschritt.[145]

Wenn ein Haufen Unrat mit einem Seidentuch bedeckt ist, wollt ihr dann behaupten, daß davon kein Gestank ausgeht? So können wir die Welt betrügen, nicht aber Gott in uns.

Nehmt euch zu Herzen, was gesagt wird! Seht, wie weit ihr euch verändert habt, oder ob ihr immer noch derselbe Mensch mit derselben niedrigen Natur seid. Außen seid ihr unterwürfig und zeigt Verehrung, aber das Herz hat sich nicht gewandelt. Was sagte Christus? Er sagte: «Wandelt eure Herzen, denn das Reich Gottes ist nahe herbeigekommen!» «Wandelt eure Herzen!», das sagen alle Meister. Wir aber hören nicht auf ihre Worte. Wir machen einfach mit den Äußerlichkeiten weiter oder suchen nicht nach mehr als nach den weltlichen Dingen, derer wir bedürfen. Wie viele sind es denn hier, die nur um Gottes willen gekommen sind? Wenn sie um seinetwillen gekommen sind, dann werden sie Gott erhalten, das ist ganz sicher. Wenn sie wegen etwas anderem gekommen sind, dann ...? Dann werden sie nur das haben, nicht Gott.[146]

Deshalb heißt es, jene Augen, die den Meister nicht sehen, sollten herausgenommen werden, und jene Ohren, die die Stimme des Geliebten nicht hören, wären besser taub. Das Haupt ist gesegnet, das sich zu Füßen des Geliebten beugt. *Guru Nanak* und *Shamas Tabrez* sagten, daß jene Arme, die den Meister nicht umarmten, gebrochen werden sollten. Das sind die Merkmale der Liebe. Was möchte ein Liebender? Natürlich dem Meister nahe sein, selbstverständlich dem Gott im Meister. Er möchte jedes Wort hören, das der Meister äußert. Er wird es um jeden Preis befolgen. «Wenn ihr mich liebt, so haltet meine Gebote.» Diese Dinge sind eine selbstverständliche Folge, möchte ich sagen. Derjenige, der liebt, wird befolgen, was der Meister sagt, sei er in der Gegenwart des Meisters oder fern von ihm. Der Meister ist das personifizierte Wort. Auch wenn der Schüler Tausende von Meilen entfernt ist, so ist er trotzdem unter Aufsicht, denn der Meister ist das geoffenbarte Wort. Manchmal offenbart der Meister sich auch körperlich. Erfüllt also einfach die Wünsche des Geliebten! Das vollbringt die Liebe. Und zu welchem

Preis? Es kostet nichts! Es erfordert nur, daß ihr eure ganze Aufmerksamkeit auf den Geliebten heftet. Alles andere wird von selbst nachfolgen.[147]

Das Verhalten eines disziplinierten Initiierten sollte die Größe seines tugendhaften Meisters widerspiegeln.[148] Zu einer großen Seele zu gehen und ihre Lehre nicht zu befolgen, bedeutet, sie zu erniedrigen.[149]

Wenn ihr nach dem handelt, was euch gesagt wird, ist ein einziger *Satsang* ausreichend für eure Erlösung.[150]

Die physische Anwesenheit des Meisters

Nun entsteht die Frage: Wie können wir diese Sehnsucht nach Gott vergrößern oder ihr zur Geburt verhelfen, falls sie noch nicht erweckt ist? Indem wir mit demjenigen Gemeinschaft pflegen, der das hat, wonach ihr verlangt. Wollt ihr ein Ringer werden, seid mit einem Ringer zusammen! Oder wenn ihr an Bildung interessiert seid, dann haltet Gemeinschaft mit einer gebildeten Person! Die Ausstrahlung, die in der Gemeinschaft eines Heiligen aufgenommen wird, wird unsagbaren Nutzen bringen.[151] Das Zusammensein mit einem Menschen, der in sich selbst ruht, gibt euch die Ausstrahlung seines Lebens. *Maulana Rumi* sagt: «Wenn du bei einem Heiligen bist (hier sind jene Heiligen gemeint, auf die sich die Schriften beziehen, nicht die sogenannten Meister, mit denen die Welt heute überschwemmt ist) und wenn du eine Stunde bei ihm sitzt, dann empfängst du seine Ausstrahlung. Auf diese Weise wirst du mehr vorankommen und mehr Fortschritte haben, als wenn du Hunderte von Jahren Hingabe übst.»[152]

Ihr könnt seine Ausstrahlung dort erhalten, wo er bereits offenbart ist. Nahe bei dem menschlichen Pol zu sitzen, in dem Gott sich zeigt, und sei es nur für eine kurze Zeit, wird euch schnellere Ergebnisse schenken. Deshalb wird über *Satsang*, die Gemeinschaft mit einem Heiligen, in allen Schriften so hoch gesprochen. Durch die Ausstrahlung wird der Fortschritt beschleunigt. Dieselbe Gotteskraft ist auch in euch, aber nicht erweckt. Sie wird bei der Initiation erweckt, und im weiteren wird sie einen Auftrieb durch die Ausstrahlung des Meisters erhalten. Deshalb heißt es, daß ein beseelter Blick eines Heiligen, der von außen in eure Seele hineinstrahlt, euch in euer eigenes Selbst erheben kann und ihr das Licht Gottes in euch sehen könnt. So ist ein Gnade verströmender Blick eines Meisters genug für uns. Das gibt einen Auftrieb. Das ist gemeint, wenn es heißt: «Sucht die Gemeinschaft mit einem Heiligen; je mehr ihr davon haben könnt, desto besser.» Je empfänglicher ihr werdet, indem ihr nahe bei ihm sitzt, desto mehr Nutzen habt ihr davon. Einfach nur hin- und wieder fortzugehen, hilft nicht. Nur Empfänglichkeit bringt euch deutlichen Nutzen. Je mehr Zeit ihr in der Gemeinschaft eines Heiligen verbringen könnt, desto besser.[153]

Die Sprache des Meisters ist vom Nektar des Herrn durchdrungen, und wenn er spricht, strahlt eine aufgeladene Berauschung von ihm aus. Wohin der Meister auch geht, berauscht er andere. Ganz gleich, wie süß die Worte eines Vortrags sein mögen, wenn die Person, die den Vortrag hält, nicht von der Liebe Gottes durchdrungen ist, wird er keinen spirituellen Effekt haben. Werden die Worte des Meisters gehört und in die Tat umgesetzt, vergeht aller Hunger, und diese Aufladung vermittelt ruhigen und vollkommenen Frieden.[154]

Jedes Wort, jeder Blick, jede Bewegung, jede Berührung, selbst die Aura eines Heiligen ist voll Gnade, Liebe und

Barmherzigkeit Gottes; die Atmosphäre um ihn herum ist kraftgeladen.[155] In der Tat hat die persönliche Aura des Meisters ihre unvergleichliche und einmalige Auswirkung. Keine Worte könnten wohl ihre Großartigkeit erläutern oder beschreiben.[156] Ihr müßt ihn nur anschauen, aufmerksam, genau, durchdringend, alles vergessend, die Eindrücke aufnehmen, die Augen schließen und diese Eindrücke in eurem Herzen eingebettet sein lassen.[157]

Empfänglichkeit

Atemzug für Atemzug denkt er an euch. Ohne des Meisters Denken an den Schüler kann in diesem die Liebe zu ihm nicht geboren werden. Er schickt Strahlen der Liebe aus und der Schüler fühlt einen starken Zug hin zu seinem Meister. Das ist auch ein Geschenk.[158] Selbst wenn der Schüler seine Aufmerksamkeit nicht auf den Meister ausrichtet, wird dessen Ausstrahlung beständig ausgesandt, und die Auswirkung davon macht die Entwicklung des Schülers aus. Wenn er empfänglich wird, erscheint der Meister vor ihm.[159]

Die Empfänglichkeit ist entwickelt, wenn alle fremden Gedanken verjagt sind. Ihr bleibt und er bleibt. Ihr wirkt an der Stelle hinter den Augen und der Gottmensch wirkt ebenfalls dort. Die Augen sind die Fenster der Seele, und er lehrt andere ohne jede Sprache durch die Augen.[160]

Das Leben eines Menschen, der empfänglich ist, wird zur Wohnstatt aller guten Eigenschaften.[161]

Die gnädige Meisterkraft ist der beständige und engste Begleiter des Initiierten. Sie ist sich eurer inneren Gebete und Verehrung voll bewußt.[162] Der Meister hält die Hand, die er nimmt, immer fest. Es gibt nie einen Gedanken daran, diesen festen Griff zu lockern. Die Meisterkraft wird den Initiierten «nicht verlassen noch versäumen bis zum Ende der Welt». Er ist ein unergründliches Meer menschgewordener Liebe. Liebe kann nur geben. So gibt er und gibt. Er schickt seine Gnade beständig zu den Initiierten. Wenn der Initiierte die innere Herrlichkeit und Schönheit des Meisters sieht und der Melodie der Musik lauscht, muß er darauf reagieren, ganz gleich, was diejenigen, die unwissend sind, sagen mögen. Das ist ein Geschenk des Meisters.[163]

Überdies, wenn der Meister jemanden initiiert, wohnt er in ihm; er beobachtet all seine Handlungen und wo erforderlich, leitet er ihn; besonders jene Schüler, die ihr Gesicht ihm zuwenden. Solltet ihr ihn vergessen, er vergißt euch nicht.[164] Sieh ihn in jeder Erfahrung und denke daran, daß er immer bei dir ist, bereit, dich zu unterstützen, wann immer du ihm deine Gedanken zuwendest.[165]

Ich möchte auch ein paar Worte über die zahlreichen persönlichen Probleme sagen, mit denen sich die Lieben um eine Lösung ihrer Schwierigkeiten an mich wenden. Wenn ich auch glücklich bin, die rechte Führung zu geben, so sollte doch nicht vergessen werden, daß diejenigen, die von mir initiiert wurden, von der gnädigen Meisterkraft umsorgt werden, die über allem wirkt, die immer bei ihren Kindern ist und die all ihre Probleme lösen kann, wenn sie sich nur empfänglich machen. In diesem Zusammenhang kann der Gebrauch des gesunden Menschenverstandes zusammen mit dem ruhigen Bedenken der Tatsachen Wunder wirken, wenn es darum geht, Empfänglichkeit der Meisterkraft gegenüber zu entwickeln. Empfänglichkeit ist der Schlüssel, der nicht nur eure materiellen Probleme lösen, sondern ebenfalls das Reich Gottes in euch aufschließen kann.[166]

Die Wahrheit ist, daß in der Aufmerksamkeit große Kraft liegt, und wenn man hilflos ist und keine Hoffnung mehr sieht, wird man vollen Schutz und volle Unterstützung empfangen, wenn man das Gesicht dem Meister zuwendet. Wann auch immer du dich einsam oder verlassen fühlst, denke liebevoll an den Meister und rufe seine Hilfe herbei, und wenn es eine Zeit ist, in der du dich zum Meditieren hinsetzen kannst, dann tue dies mit Liebe und Hingabe. Der wahre Weg zu Gott beginnt, wenn du dich über das Körperbewußtsein erhebst. Es gibt keinen anderen Weg.[167]

Ich habe wirklich einen Freund für dich gefunden, einen Freund, der auch in diesem Augenblick geduldig darauf wartet, daß du dich ihm zuwendest. Beständig ist er dir zur Seite und liebt dich, möchte an deinem Leben teilnehmen, möchte deine Liebe, deine Gedanken und deinen Glauben. Du selbst hast eine dichte Wand verschiedenster Gedanken zwischen dir und deinem Freund errichtet. Bemühe dich, diese Trennwand zu beseitigen, und du wirst einen Freund vorfinden, der mit weit offenen Armen darauf wartet, dich voll Liebe zu umarmen und dir während dieses gesamten Lebens und darüber hinaus beizustehen. Verzweifle nicht, du wirst sehr geliebt! Wenn du nur deine negative Haltung abwerfen würdest und empfänglich wärest, dann wäre alles dein. Er ist immer bei dir und gibt alle nur mögliche Hilfe. Wenden wir ihm unser Gesicht zu, wird er beständig bei uns sein, ob wir ihn wahrnehmen oder nicht.[168]

Der Meister gewährt seinen Schülern immer Hilfe und Schutz. Er kümmert sich in jeder Weise um ihr Wohlergehen, sowohl außen als auch innen. Er mindert selbst die Rückwirkungen der Vergangenheit: vom Galgen zu einem gewöhnlichen Nadelstich - so groß sind die Zugeständnisse, die gemacht werden. So wie eine Mutter alles für ihr Kind opfert, genauso opfert der Meister alles um seiner Kinder willen. Der Schüler kann sich wahrlich nicht im Traum vorstellen, was der Meister für ihn tut. Er erfüllt seine Schüler mit seinem eigenen Denken, mit seinen eigenen Lebensimpulsen. Wenn wir an ihn denken, so denkt er an uns von ganzem Herzen und von ganzer Seele. Er ist nicht der Körper. Er ist das menschgewordene Wort, das Wort, das Fleisch ward. Um den vollen Segen der Meisterkraft zu erlangen, muß der Schüler empfänglich werden. Solange den Geboten des Meisters nicht unbedingter Gehorsam entgegengebracht wird, ist es unmöglich, Empfänglichkeit zu entwickeln. Beachtet ihr die Gebote des Meisters, ist das ein Zeichen dafür, daß ihr in Liebe zu ihm wachst, und je mehr ihr in Liebe zu ihm wachst, desto mehr wird eure Empfänglichkeit zunehmen.

Wenn ihr beginnt, Empfänglichkeit zu entwickeln, wird alles Ungemach verschwinden, und ihr werdet wahrhaft beginnen, den Pfad zu beschreiten in der festen Sicherheit, daß ihr auf dem rechten Weg seid. Ihr werdet ihn in der liebevollen Begleitung des Einen beschreiten, der bei jedem Schritt des Weges mehr und mehr von seiner Größe und Macht sichtbar werden läßt, bis ihr seht, daß es Gott selbst ist, der euer Führer und Meister ist, der euch niemals verläßt, bis Er euch sicher zur wahren Heimat des Vaters zurückgeleitet hat.[169]

Je mehr Zeit ihr in direkter Verbindung zubringt, desto besser. Wenn nicht - denn es ist nicht möglich, diese Verbindung vierundzwanzig Stunden am Tag zu haben - dann entwickelt Empfänglichkeit, indem ihr euch in euren Zimmern hinsetzt. Habt ihr sie entwickelt, könnt ihr gehen, wohin ihr wollt, ihr werdet dennoch verbunden sein. Das Wort durchdringt also alles. Es schwingt überall im Universum und ist im menschgewordenen Wort besonders konzentriert. Ein Schwingungsimpuls von ihm bewegt sich ebenfalls durch das ganze Weltall. Das Problem ist nur, dafür aufnahmebereit zu werden - das ist alles. Auf diese Weise macht es keinen Unterschied, ob ein Mensch hier oder weit entfernt sitzt. Es geht darum, gegenüber dem Wort oder *Shabd*, das alles durchdringt, aufmerksam zu werden, empfänglich zu werden. Wo es sich offenbart, dort entsteht Schwingung, und diese Schwingung geht durch die ganze Welt. Wißt ihr nun, wer der Meister wirklich ist? Von dieser Art von Meistern wird in all den Schriften gesprochen.[170]

Wenn ihr an einen Ort kommt, wo ein Meister sitzt, solltet ihr alles vergessen. Vergeßt die Umgebung um euch und vergeßt, wer neben euch sitzt. Schaut einfach völlig aufmerksam in die Augen des Meisters, in denen seine Seele ihr Spiel spielt. Ihr müßt euch öffnen, um den ganzen Segen aus dem Zusammensein mit einem Heiligen zu erlangen. Jene, die zum Meister kommen und ihr Gemüt ist - wie sagt man? - dabei, von einem Ort zum anderen herumzuwandern, und beständig erheben sich Wellen auf dem See ihres Gemüts; diese Menschen können keine Empfänglichkeit entwickeln. Sie können nicht den vollen Nutzen ziehen von der Ausstrahlung, die vom Meister kommt durch seinen ganzen Körper und besonders durch die Augen. Diesen Segen kann man haben, selbst wenn man sich Tausende von Meilen entfernt befindet. Durch ein Radio hört man, was jemand in weiter Entfernung sagt. Durch ein Fernsehgerät seht ihr auch, wer da spricht. Das Wort ist überall. Wort, *Naam* oder *Shabd* sind alle ein und dasselbe. So durchdringt die Schwingung des Menschen, in dem das Wort offenbart ist, die ganze Welt. Diejenigen, die empfänglich werden, indem sie ihr Gemüt und ihren Intellekt beruhigen, ziehen den vollen Nutzen daraus. Kabir sagt: «Wenn der Meister Tausende von Meilen jenseits des Meeres wohnt und der Schüler diesseits, dann sollte dieser einfach seine Aufmerksamkeit auf den Meister lenken.» Das Wort ist überall, ihr müßt nur empfänglich werden. Wenn ihr empfänglich werdet, werdet ihr den vollen Segen des *Satsangs* erlangen.[171]

Was ich euch jetzt sage, ist natürlich ein sehr heikler Punkt. Ihr könnt jahrelang beim Meister leben und dennoch kein Leben entwickeln. Wie man denkt, so wird man. Dieses Leben wird eurem Leben eingegeben, wenn ihr dafür offen seid. Ihr werdet eins werden und nie mehr zweigeteilt sein. Daher sagte Paulus: «Ich bin es, doch nun nicht ich, sondern Christus lebt in mir.» Das gleiche wurde von fast allen Meistern verkündet, ob sie nun in Indien oder in einem anderen Land lebten. *Maulana Rumi* sagt: «Ich bin so erfüllt von meinem Meister, daß ich meinen Namen vergessen habe und ob er in mir ist oder ich in ihm. Ich kann es nicht unterscheiden.» Das ist also etwas, das zum Schicksal derjenigen wird, die empfänglich werden. Er ist alle Weisheit, alle Gnade, alle Barmherzigkeit und alle Liebe. Diese Eigenschaften könnt ihr dadurch in euch entwickeln, daß ihr euch auf ihn innerlich ausrichtet, nicht indem ihr nur auf das gesprochene Wort hört. Durch Worte, die aus dem Mund kommen, werdet ihr auf der Ebene des Intellekts etwas begreifen, aber Leben kann nicht in euch eingestrahlt, eingegeben werden, solange ihr nicht dafür bereit seid. Versteht ihr, was ich meine?[172]

Die Meisterkraft ist immer bei euch, wirkt über euch und breitet alle nur mögliche Liebe und allen Schutz aus. Ein liebevoller Vater möchte sein Kind nicht für immer in der Wiege sehen, sondern er wäre glücklich, das Kind aufstehen und laufen zu sehen und er wird ihm sicher seine Hand anbieten bei seinen Bemühungen zu stehen und zu gehen.[173] Der Weg ist sehr lang, aber der Meister gibt seine Zeit jedem einzelnen; schließlich liebt er jeden sehr - was könnte er anderes tun?[174]

Es mag nicht immer einfach sein, unsere Fähigkeiten auszuweiten, um in zunehmendem Maße erhebende Erleuchtung zu erlangen, aber der Meister ist geduldig in seiner Weisheit, und aus seiner immensen Spiritualität heraus bleibt seine Unterstützung immer verfügbar, bis wir uns mit ihm in *Sach Khand* vereinigen, in der letzten ewig-glückseligen Heimat unseres wahren spirituellen Seins.[175]

Der Mensch braucht sich um nichts zu bemühen, außer darum, sich ethisch und moralisch umzuformen bis zu jenem Höhepunkt der Liebe, Ernsthaftigkeit und Demut, der den notwendigen Zustand der Empfänglichkeit in ihm hervorbringen wird. Alles andere liegt in den Händen des Meisters.[176]

Bitte, sei nicht traurig über deine Unfähigkeit, empfänglicher zu sein für die göttliche Gnade. Langsam aber beständig macht man das Rennen. Duftende Blüten werden auf zarte Weise unter dem göttlichen Willen in ihre Schönheit geformt...[177]

Wenn der Tonstrom stark ist, erinnert er dich daran, daß Gott immer bei dir ist, über dir wirkt und seine Gnade ausströmt. Wende Ihm dein Gesicht zu und nimm seinen Segen auf.[178]

Ihr werdet zustimmen, daß es die liebevolle Hingabe und der gequälte Schrei der Seele sind, wodurch die Gnade hervorgerufen und man eingestimmt wird.[179]

Wer kann euch «Die Kunst des Liebens» lehren außer ihm, der menschgewordene Liebe ist und überfließt von der berauschenden Liebe zu Gott und der ganzen Schöpfung. Auf der ganzen Welt gibt es keine größere Liebe als die Liebe Gottes und des fleischgewordenen Wortes. Wer auch immer an ihn denkt, von ihm liest, über ihn spricht und meditiert, wird ihm ähnlich. Sei dir darüber im klaren, daß zwischen dir und deinem Meister nichts stehen sollte. Je mehr du dich in vollkommener Selbsthingabe selbst gibst, desto mehr wirst du empfangen.[180] Wie wunderbar ist es, sich jemandem, der kompetent und liebevoll ist, vollkommen zu übergeben und seine liebevolle Gegenwart und Gnade in jedem Lebensgebiet wirken zu fühlen! Je mehr man in der Lage ist, Empfänglichkeit zu entwickeln, indem man seine Gebote hält, desto mehr ist man fähig, seine Gnade zu fühlen, zu behalten und zu genießen. Die Gnade des Meisters ist grenzenlos.[181]

Offenbart sich das Wort irgendwo und ihr werdet empfänglich dafür, wird euer Gemüt beruhigt. Ihr könnt euer eigenes Selbst und auch Gott in euch widerspiegeln. Das einzige, was zwischen Gott und euch im Wege steht, ist das Gemüt. Ihr braucht nichts von außen hineinzutun. Es ist bereits da. Wenn die stürmischen Wellen des Gemüts beruhigt sind, könnt ihr euer wahres Gesicht darin sehen.[182]

Ihr könnt nur durch Liebe empfänglich werden. Ein Mensch, der liebt, wird - selbst wenn er unter Tausenden von Leuten sitzt - dennoch ganz allein sein, denn seine ganze Aufmerksamkeit ist auf den Meister gerichtet, der allein ihn interessiert. Dies ist die Art und Weise, wie ihr Empfänglichkeit entwickeln könnt.[183]

Die Aufmerksamkeit des Schülers sollte auf seinen Meister gerichtet sein. Die Geschwindigkeit der Aufmerksamkeit ist sehr hoch. Man kann dies an der Stärke der Elektrizität sehen: die *Pranas*, die Lebensströme, sind schneller als die Elektrizität, und die Aufmerksamkeit ist noch schneller als die *Pranas*.[184]

Durch die Telepathie wurde nunmehr schlüssig bewiesen, wie die Saiten der Herzen von zwei Menschen gleichschwingen, ungeachtet der Entfernung zwischen diesen beiden. In den Gedankenwellen ist eine unvorstellbare Kraft und ihre Reichweite ist unbegrenzt. Auf diese Weise tragen die gleichschwingenden Akkorde zwischen dem Meister und dem Schüler stille Botschaften der Liebe zwischen den beiden hin und her, und das mit einer Kraft, die unvorstellbar ist. Solch eine wunderschöne Beziehung kann mit Gott eingerichtet werden! Indem man in Einklang mit dem Unendlichen Einen ist, kann man anderen durch die Kraft der Gedanken viel Gutes tun; denn im Grunde sind alle im gleichen Boden, dem Göttlichen Urgrund, eingebettet.[185]

Denkt der Schüler an den Meister, erfährt er in sich einen tröstlichen Einfluß und eine Art göttliche Berauschung. Das nennt man Telepathie, gleichschwingende Kommunikation von Herz zu Herz aus der Ferne. Auf die gleiche Weise, nämlich indem wir unsere Aufmerksamkeit auf den Unendlichen abstimmen, können wir das Beste zum Nutzen anderer herbeiziehen. Zu diesem Zweck muß man sich mit dem Göttlichen Urgrund, in dem alle eingebettet sind, vereinen und von dort den himmlischen Einfluß auf das Individuum oder die Gemeinschaft, die gesegnet werden soll, weiterleiten. In dieser Haltung darf man dem Schöpfer nicht Wünsche anderer darstellen, sondern sollte einfach warten, daß Seine Gnade das gewünschte Ergebnis ausarbeitet.[186]

Wir sollten immer zum Meister aufschauen, damit er uns innere Führung gewährt, was keiner sonst kann. Deshalb ist es von großer Wichtigkeit, daß wir immer eng mit ihm verbunden sind, zu beständiger Treue verpflichtet, und nicht zulassen, daß jemand zwischen ihn und uns tritt. Alle Brüder und Schwestern im Glauben sollten für diesen höchsten Zweck des Lebens liebevoll zusammenarbeiten und keinesfalls erlauben, sich von jemandem ablenken zu lassen, wie hoch entfaltet und entwickelt dieser auch erscheinen mag. Ungeteilter liebevoller Gehorsam ist es, der das Meer des Mitgefühls und der Barmherzigkeit im Innern bewegt, und der barmherzige Meister schickt dem Schülerkind seinen freundlichen Schutz und seine rechtzeitige Hilfe, ob dieses es weiß oder nicht.[187]

Es gibt *Satsangis* und «nahe» *Satsangis*. Mit «naher» *Satsangi* meine ich einen, der in nähere Berührung mit dem Meister gekommen ist. Die Lehre ist für alle Kinder dieselbe, aber diejenigen, die empfänglich werden, kommen näher zum Meister, sie erhalten einen besonderen Schutz. Obwohl sein Schutz jedem zukommt - alle werden gespeist und essen das gleiche Brot - wird das Kind, das hungriger ist, mehr Nahrung bekommen.[188]

Empfänglichkeit ist also wichtig für den Erfolg auf allen Lebensgebieten - sowohl weltlich als auch spirituell - und sie kann erlangt werden, wenn man diesem rechten Verständnis nachfolgt. Als erstes muß man ein gottgefälliges Leben führen, als zweites ist das spirituelle Tagebuch auf genaue Weise zu führen, und als drittes muß man lernen, Empfänglichkeit zu entwickeln. Wenn ihr in den ersten beiden Punkten erfolgreich seid, wird der dritte von selbst folgen.[189]

Spiritualität kann nicht gelehrt werden, sie muß aufgefangen werden wie eine Infektion, welche den anderen weitergegeben wird, die dafür empfänglich sind.[190]

Kommt ein Schüler in die Nähe eines Meisters, so fühlt er dessen atmosphärischen Einfluß entsprechend dem Grad der Empfänglichkeit, den er entwickelt hat. Wenn man die Theorie der Meisterlehren begriffen und den Weg begonnen hat, mag das zunächst eine Art Experiment sein. Die volle Überzeugung kommt erst, wenn man im Innern sieht. Das Zeugnis anderer kann nur den Anstoß geben, den Weg aufzunehmen; aber die Erfahrung aus erster Hand, wie klein sie auch sein mag - ist überzeugend.[191]

Das makellose *Naam* ist der ständige Begleiter jedes Initiierten. Je mehr die bewußte Wahrnehmung eines Kindes wächst, desto mehr wird es die süße, liebevolle Hilfe schätzen, die von der Meisterkraft, dem makellosen *Naam*, kommt.[192]

Jenen, die auf den Weg gestellt wurden, dient jedes Ding dazu, eine höhere Sicht zu erlangen, durch die der Schüler begreifen kann, daß die Gotteskraft durch alles wirkt. Er findet Bücher in Bächen und Predigten in Steinen.[193]

Der Meister trägt seine Schüler stets im innersten Herzzentrum. Schließlich sind alle seine Kinder. Er schaut nicht auf ihre Unwürdigkeit. Er ist dazu da, sie würdig zu machen. Er kann sie nicht verlassen - seine Liebe ist so groß![194]

Bitte lerne, für seine Gnade empfänglich zu sein und fühle seine freundliche Gegenwart. Er fährt mit dir im Bus, plaudert mit dir auf der Straße, sitzt mit dir im Park und an deinem Büroschreibtisch. Er begleitet dich jeden Morgen ins Büro, verlangsamt seine Schritte beim Seerosenteich, um die neuaufgegangenen Blüten zu sehen, und er geht mit dir den ganzen Weg am Abend bei Neumond nach Hause. Der Meister ist immer beim Schüler und verläßt ihn oder sie nicht bis zum Ende der Welt. Der Vater verstößt seine Kinder niemals.[195]

Leben im Willen Gottes: Werde ein bewußter Mitarbeiter am Göttlichen Plan

> *Keiner kann den Zustand dessen beschreiben,*
> *der den Willen Gottes zu seinem eigenen*
> *gemacht hat;*
> *wer auch immer versucht, das zu tun,*
> *muß seine Torheit erkennen.*
> *Keine noch so große Menge an Papier,*
> *Federn oder Schreibkunst*
> *kann je den Zustand eines solchen Menschen*
> *beschreiben.*
> *Oh, groß ist die Macht des Wortes,*
> *aber wenige gibt es, die das wissen.*[196]
>
> Jap Ji

Der Meister setzt uns das Ziel vor Augen, das heißt, vollkommenes Einssein mit dem Herrn zu erlangen - dem Einen Sein. Wir können uns mit der Quelle, von der wir einst ausgegangen sind, wieder vereinen und unsere beständige Wohnstatt im Hause unseres Vaters zurückerlangen, wo Freude und

Friede des Höchsten regieren, jenseits der Reichweite von Zerstörung und Unwissenheit, jenseits allen Unglücks im aufgewühlten Meer des Lebens.[197]

Es gibt drei Dinge, die von einem *Sikh*, einem Schüler, in der Beziehung zu seinem Meister verlangt werden, um ihn zu befähigen, Empfänglichkeit für des Meisters Wohlwollen zu entwickeln. Er muß seinen Körper, sein Gemüt und seinen Besitz opfern - nein, sogar sein Leben sollte zu Füßen des Meisters hingegeben werden. Nicht, weil der Meister Zuwendung von seinem Schüler begehrte, sondern der Schüler sollte alles opfern, was ihm in seinem Leben lieb ist. Der Meister nimmt nicht ein Krümelchen davon an, sondern gibt alles zurück, ganz vollständig, als heiliges Geschenk. Er weist den Schüler an, daß er sich nicht beschmutzen solle, indem er seinen Besitz mißbrauche, sondern er solle ihn bestmöglichst nutzen zum Segen seiner Geschwister, der Armen und Bedürftigen, der Kranken und der Kraftlosen, um auf diese Weise zur harmonischen Entwicklung aller in seiner Umgebung beizutragen. Der Schüler könnte vor seinem Meister stehen und ihm alles zu Füßen gelegt haben, aber der Meister würde davon nichts annehmen. So würde sich der Schüler im Zustand des vollen Verzichts befinden und am Beginn seiner Verwirklichung, bereit, die Gnade des Meisters zu empfangen. Er muß sich zum Gefährt des Meisters machen. Zu einem Blasinstrument, einer Leier, auf der der Meister spielt und liebliche Symphonien des Heiligen Wortes erschafft. Alle sozialen Beziehungen, alle Bindungen an weltlichen Besitz, alles Verhaftetsein an Name und Ruhm, alle körperlichen Bequemlichkeiten, alle schlechten Gedanken, die im Kopfe wogen, müssen vor den Meister hingelegt werden, damit er seinen Willen durch sie wirken lassen kann.[198]

Ein Schüler, der den Willen des Meisters befolgt, erhält seinen Anspruch auf das Elixier des Lebens und gewinnt das Reich Gottes als sein Geburtsrecht.[199]

Bitte, mein Herr, erhöre meinen dringenden
Wunsch: Ich möchte nur Dir zu Füßen sein.

Ihm zu Füßen zu sein bedeutet, ihm zu gehorchen, sich ihm zu übergeben. Er möchte euch in der gleichen Farbe färben, die seine eigene Seele hat. In tiefer Demut sagte der Schüler: «Ich möchte dir zu Füßen sein.» Müde und erschöpft bekennt er seine Niederlage in dieser Welt; das hat nichts mit Zwang zu tun. Es heißt ja: gezwungenermaßen kannst du nicht empfangen, und unter Druck kannst du nicht geben. Man kann weder inneres Wissen auf diese Weise erlangen noch lernen, den Körper willentlich zu verlassen. Wer glaubt, er könne gewaltsam etwas erreichen, mag dies gern versuchen und sehen, was dabei herauskommt. Alles liegt in den Händen des Herrn. Wenn er etwas geben möchte, dann wird man empfangen. Ganz bestimmt wird er dem geben, der sich ihm zu Füßen hingibt. Verweile nur in dem Verständnis, das der Meister gibt, nimm die darin enthaltenen Tugenden dann in dich auf und: Wie du denkst, so wirst du. Auf diese Weise wirst du die Ausstrahlung aufnehmen.[200]

Wer sich des Göttlichen Planes bewußt wird,
ist der Wahre Mensch.

Im wirklichen Sinne ist derjenige des Herrn Diener, der ein bewußter Mitarbeiter am Göttlichen Plan wird. Wie erkennt er des Herrn Befehle? *Durch die Gnade des Meisters enträtselt er sich selbst.* Und: *Durch des Meisters Segen erkennt er die Gebote Gottes, indem er während des Lebens stirbt.* Beim Sterben zieht sich die Seele von dem, was sie außen umgibt, zurück und verläßt den Körper. Wenn dieser Vorgang während des Lebens vollzogen werden kann, sieht die Seele, wenn sie sich erhebt, jene Kraft am Werk und nimmt dieses Wissen bewußt mit zurück. Solange dies nicht geschieht, kann man die Gebote des Herrn nicht wirklich erkennen. Wer Gottes Gebote in Wahrheit kennt, wird ein Mensch im wirklichen Sinne des Wortes.[201]

Wirst du zum bewußten Mitarbeiter im Göttlichen Plan, wer sollte dich dann in die Welt zurückbringen? Du magst Tausende von Jahren von Gott entfernt gewesen sein, ein Gottmensch wird dir, wenn du ihn einmal getroffen hast, eine Verbindung mit Gott geben. Entwickelst du diese Verbindung, wird dein Kommen und Gehen beendet und du wirst in deine Heimat zurückkehren.[202]

Gott will und die Liebe verlangt jedes Opfer von uns. Wer ist ein Gott-Liebender? Er, der alles im Namen Gottes opfern kann. Können wir das? Können wir behaupten, wir lieben Gott? Um belangloser Dinge willen sagen wir, wir hätten keine Zeit, an Gott zu denken. Die Liebe fordert also, daß ihr alles opfert, selbst euer Leben, von äußeren Dingen ganz zu schweigen.[203]

Schülerschaft besteht wahrlich in unerschütterlicher Hingabe und Unterordnung unter den Willen und das Wohlgefallen des Meisters. Durch vollkommene Übergabe wird all das mentale Geschwätz über Bord geworfen, und dann gibt es keine Sehnsüchte und Wünsche mehr. Das stürmische Durcheinander des Sinnenlebens wird durch ruhige, gefaßte Heiterkeit ersetzt, geboren aus Ergebung und wahrer Entsagung. In diesen stillen Stunden geschieht es, daß das spirituelle Bewußtsein zu dämmern beginnt.[204]

Diesen Körper, diesen Besitz, dieses Gemüt habe ich dem Meister übergeben. Das bedeutet nicht, den Körper im wörtlichen Sinn wegzugeben - er gehört denjenigen, mit denen ihr als Rückwirkung der Vergangenheit verbunden seid. Der Meister leitet eure Seele; so sollte sie ihm hingegeben werden und nicht der Körper. Das Gemüt zu geben bedeutet, daß ihr so denken solltet, wie er es möchte. Und euer Besitz sollte für die gute Sache verwendet werden - nicht mißbraucht und nicht dazu, anderer Leben zu stören. Teilt mit anderen und dann eßt! Betrachtet alles als den Besitz des Meisters, der eurer Obhut anvertraut wurde und nützt ihn in diesem Sinne. Was geschieht, wenn ihr all dies tut? Ihr empfangt *Par Brahm* (Gott jenseits von Brahmand).[205]

Selbsthingabe ist das natürliche Ergebnis eines solchen Glaubens und einer solchen Liebe. Die Briefe *Baba Jis* (*Baba Jaimal Singh*, 1838 - 1903) kehren mit Nachdruck zu diesem Thema zurück:

> *Verliere dich nicht in dir selbst! Laß folgenden Gedanken fest und unverrückbar in deinem Kopfe verankert sein: «Körper, Gemüt und Besitz, Nirat und Surat, Augen, Ohren, Nase, Mund, Hände, Füße - ja, alles, was sich in dieser Welt befindet, gehört dem Satguru. Ich selbst bin nichts!» Was du auch immer tust, tu es für den Satguru und sei immer bestrebt, das zu tun, was das Beste ist. Vergiß dies nicht einmal für einen Augenblick, sondern betrachte es als Hidayat, als Gebot.* (24. Mai 1901)

> *Laß die Vorstellung von «mein und mir» nie in deinem Herzen Raum greifen. Selbst wenn du die Herrschaft über Brahmand erlangst, glaube nicht, du hättest etwas dazu getan:*
> *«Ich bin nur ein Mittler.»*
> *Alles gehört dem Satguru. Laß des Meisters Anweisung stets in deinen Gedanken sein:*
> *«Ich bin nichts, ich bin nichts, ich bin nichts.»*
> *Und die Erinnerung an den Herrn sei dein beständiger Gedanke und die Gestalt des Satguru stets in der Schau deines Herzens.*[206]
> (7. Sept. 1900)

Was der Herr als das Beste erachtet, das tut er.
Dränge dich nicht selber ins Bild. Lebe nach
den Worten des Meisters und fahre damit fort,
deine irdischen Pflichten zu erfüllen. Ist die
Frucht reif, fällt sie von selbst herab, ohne sich
oder den Zweig, der sie trug, zu verletzen;
und die reife Frucht wird hochgeschätzt.
Reißen wir aber die unreife Frucht gewaltsam
vom Baum, wird der Zweig verletzt und die
Frucht verdorrt und hat wenig Wert. Einen
kompetenten Meister zu treffen, ist die Erfüllung
der menschlichen Geburt. Das ist die Frucht des
Lebens. Nach seinen Geboten zu leben, sichert
die rechte Aufzucht der Frucht. Täglicher
Simran und Bhajan - soviel wie nur irgend
möglich - sind die beste Speise und Nahrung,
und das Einswerden mit Shabd, dem Wort, ist
die Reife und die Loslösung. (3. März 1899)

So geschieht der Fortschritt der Seele. Ihr Reifeprozeß besteht in konstantem Wachstum. Unterstützt durch die Worte des Meisters, genährt durch *Bhajan* und getragen vom Tonstrom *Shabd Dhun* durchschreitet sie Ebene um Ebene, bis sie alle Hüllen aus Gemüt und Materie hinter sich läßt und *Sach Khand* erreicht. Das ist die wahre Wohnstatt der Seele, die Region reinen Geistes. Von dort aus ins Göttliche verschmelzend, geht sie fortschreitend in den Formlosen Einen über, bis sie, *Alakh* und *Agam* durchquerend, *Anami* erreicht, den namen- und gestaltlosen Ursprung von allem, was sich bewegt und ein Sein hat.[207]

Ich schätze deine Verehrung des Meisters und deinen sehnlichen Wunsch, mit seiner Göttlichkeit eins zu werden. Bitte, entspanne dich, so daß die Meisterkraft in ihrem Glanz und ihrer Herrlichkeit dich überfluten kann. Laß das Ego ganz aufgelöst sein und du erhebst dich aus der Ebene der Dualität und darüber hinaus und vergißt deine «Ichheit» ganz und gar. Selbstverleugnung und Verzicht sind weitere Meilensteine auf dem Weg zum Gipfel der Spiritualität. Gib dich völlig der süßen Herrlichkeit hin, in Gedanken bei ihm zu verweilen, und vergiß Vergangenheit und Zukunft ganz. Übe einfach nur Verzicht und gib dich preis zugunsten seines göttlichen Willens. Der Nektar des Lebens braucht ein äußerst transparentes Gefäß, um zur Verteilung an die durstigen Kinder hineingegossen zu werden.[208]

Die Auflösung des Ego ist das einzige Mittel zur Befreiung aus dem endlosen Kreislauf von Geburt und Tod. Das ist eine eindeutige Prüfung derjenigen, die Eins-Sein mit der ewig währenden Göttlichkeit erreicht haben, mit dem spirituellen Strom, der sich in die Welt ergießt. Jede Mühe, die wir zur vollkommenen Selbstauslöschung auf uns nehmen, ist eine Anstrengung in der rechten Richtung. Das Geheimnis liegt darin, die Seele von allem zu entkleiden, was persönlich ist. Die vielen Rezepte zum Verlieren des Ich-Bewußtseins, die heute die Welt überschwemmen, sind wirkungslos und wir erreichen durch sie das Ziel der Befreiung nicht; denn mit solchen Methoden füttert sich das Ego, wird immer stärker und wird nicht ausgelöscht. Solange wir nicht bewußte Mitarbeiter im Göttlichen Plan werden, können wir nicht selbstlos sein.[209]

Gott ist in euch, Er muß nicht von außen zu euch kommen. Es ist eure «Ichheit», euer Ego, das im Weg steht. Dieses Ego kommt auf, wenn ihr euch des Körpers bewußt seid, sei es des physischen, des astralen oder des kausalen. Erhebt ihr euch über den physischen Körper, wird die physische Ichheit ausgelöscht. Wenn ihr über den Kausalkörper hinausgeht, werdet ihr vollkommen verstehen, wer ihr seid. Euer Wille ist dann der Wille Gottes. Des Herrn Wille ist in euch.[210]

Das Ego ist das anmaßende Prinzip im Menschen, das ihn veranlaßt zu glauben: «Ich tue dies, ich tue jenes.» Wer sich über das Körperbewußtsein erhebt, sich selbst erkennt, ein bewußter Mitarbeiter am Göttlichen Plan wird und sieht, daß er nicht der Handelnde ist, sondern eine reine Marionette in den Händen Gottes, der wird aufhören, verantwortlich zu sein für seine Handlungen und wird *Jivan Mukta*, eine freie Seele. Das Ego ist Teil der großen Täuschung des Menschen, unter der er wirkt. Dies wird erst aufhören sich auszuwirken oder wird erst dann ausgelöscht, wenn ein großer Grad an Reinheit vom Schüler erreicht wurde, wo all seine Handlungen den Meister in ihm widerspiegeln werden. Wie Christus wird er ausrufen: «Ich und mein Vater sind eins!»[211]

Es gibt keinen Ort ohne Gott, und es ist der Gipfel der Täuschung, anzunehmen, seine Schöpfung sei von ihm getrennt. Die ganze Welt ist sein Bild; wenn der Mensch es doch nur sehen könnte![212]

Gibt man sich der praktischen Seite der Lehren hin, so wird dies die Wirksamkeit der von *Guru Nanak* empfohlenen Mittel beweisen. Eine ruhige Freude höchster Art beginnt von Anfang an über das Gemüt zu herrschen. Mit fortschreitender Zeit und Übung werden im lebendigen Tempel der menschlichen Hülle liebliche Symphonien freigesetzt und eine Welt himmlischen Lichtes wird zum Strahlen gebracht. Schließlich wird der Mensch dazu befähigt, dem «erstrahlenden Geiste» in all seiner Fülle gegenüberzutreten. Erst dann erscheint ihm das Universum erfüllt vom Herrn, und er erkennt, daß es nichts gibt in der Welt, das nicht das Wort ist.[213]

Die Segnungen von *Hari Naam* (Gottes Wort) sind zu zahlreich, um aufgezählt zu werden. Wer in die Farbe des Wortes gefärbt wird, besingt ständig die Herrlichkeit Gottes. All seine Werke nehmen automatisch die rechte Form an und geschehen im rechten Augenblick. Was er wünscht, das muß geschehen, denn die Natur selbst steht ihm zu Gebote. Er ist befreit von allen Krankheiten und allen Übeln. Er verliert jeden Gedanken an «ich» und «mein» und wird nie prahlen. Er erhebt sich über die Gegensätze Reichtum und Armut, Annehmlichkeiten und Mißbehagen, Freude und Leid, Ruhm und Verborgenheit, denn er verbleibt in einem Zustand der Fröhlichkeit und Ausgeglichenheit. Das Gift von Gemüt und Materie kann sich auf ihn nicht auswirken. Während er in der Welt ist, gehört er doch nicht länger zu ihr, sondern ist unberührt und sorgenfrei. Er geht einher, wo immer er möchte. Die falschen Vorstellungen und Täuschungen der Welt berühren ihn nicht. Er entrinnt aus dem Herrschaftsbereich von *Kal*, der bindenden Kraft, denn Zeit bindet ihn nicht; weder schränkt ihn der Raum ein, noch bannt ihn das Gesetz von Ursache und Wirkung. Er erlangt ewiges Leben und gewinnt das Reich Gottes zurück, den Garten Eden, aus dem er wegen seines ersten Ungehorsams gegen Gott vertrieben worden war. Er rettet nicht nur seine eigene Seele, sondern durch die Kraft des Wortes erlöst er die Seelen vieler anderer, die mit ihm in Verbindung kommen; ja, sogar die Seelen seiner Ahnen und Nachfahren.

Gesegnet ist in der Tat ein Mensch, der das große Glück hat, in die «Herde» eines *Sant Satguru*, eines Meisters höchster Ordnung, zu kommen und auf diese Weise das höchste Gut des Lebens zu gewinnen.[214]

Ist diese Verbindung mit *Naam* erst einmal hergestellt, fühlt der Schüler beständig die Gegenwart der Höheren Kraft, und diese Kraft bleibt immer bei ihm, wo er auch sei - auf schneebedeckten Gipfeln oder im brennenden Wüstensand. Er schwelgt in der Erhabenheit dieser Kraft, überläßt ihr all seine Sorgen und wird gleichmütig allem gegenüber, was um ihn herum ist. Freudig nimmt er alles, was ihn trifft, als ein Geschenk Gottes an, das ausschließlich seinem Nutzen dient. Bewußt sieht er den Willen Gottes wirken und unterwirft sich ihm lächelnd mit Worten aufrichtiger Dankbarkeit auf den Lippen. Er hat nicht länger irgendwelche eigenen Wünsche, außer dem, was von Gott kommt. Er wirkt jetzt als bloßes Werkzeug und bewegt sich unter dem Einfluß dieser Kraft wie ein Automat. Alle Geschöpfe, ob hoch, ob niedrig, sieht er nur wie winzige Teilchen, die ihren Platz in Harmonie zueinander in dem riesigen Universum, das ihn umgibt, zugeordnet bekommen haben. Nun erahnt er eine Vorgehensweise, der eine Ordnung zugrundeliegt, eine Ordnung, die Harmonie ist und einem Willen folgt, der unendlich weit über ihm steht und der doch in jedem noch so kleinen Detail für ihn sorgt. So besteht eine vollendete Harmonie zwischen der Menschenseele und der Seele des Universums. Bei jedem Schritt ruft der wahre Schüler aus: «Dein Wille geschehe!»[215]

Selbsthingabe

Den wesentlichen Vorteil auf dem Gebiet der Spiritualität findet man nicht außen, sondern innen. Er liegt nicht in der Abwesenheit äußeren Widerstandes, sondern in unserer inneren Fähigkeit zu vollkommener Selbsthingabe und Liebe; und äußere Hindernisse können tatsächlich als Prüfungen und Anregungen zur Entwicklung dieser Fähigkeit dienen. Diese Befähigung, das Ego zu überwinden und sich selbst dem Höheren Willen zu unterwerfen, ist im Osten so selten wie im Westen, und wo ihr sie auch findet, werdet ihr das wahre Kennzeichen der Spiritualität beobachten.

Diese Fähigkeit ist es, die ihr kultivieren und entwickeln müßt, wenn es wirklich euer Wunsch ist, auf spirituellem Gebiet einen wesentlichen Fortschritt zu machen. Ich wiederhole, daß der Pfad nicht einfach ist. Ihr müßt euer Ego ans Kreuz schlagen und eure Ichbezogenheit am Altar der Liebe zu eurem Meister niederlegen. Rom wurde nicht an einem Tag erbaut, und die wahre Wohnstatt des Herrn kann nicht durch ein paar Wochen Bemühung erreicht werden. Die meisten Suchenden möchten schnelle Ergebnisse. Sie wollen Wunder und schlagartige Wandlungen. Aber die Saat keimt nur in dünnem Boden schnell und vergeht dann wieder. Der Same, der zum lebensspendenden Baum wachsen soll, muß langsamer sprießen. Die Wissenschaft der Spiritualität, wie sie von allen Meistern gelehrt wurde und wie sie euch vermittelt wurde, ist eine vollkommene Wissenschaft. Ihre Wahrheit wurde durch eine Anfangserfahrung gezeigt. Alles übrige hängt von euren Bemühungen ab. Die göttliche Gnade ist stets bereit, sich in das Gefäß zu ergießen, aber zuerst muß das Gefäß bereit sein.[216]

Liebevoller Glaube und vollkommene Hingabe gegenüber dem Willen Gottes oder dem seines Auserwählten, des Gottmenschen, stellen die Grundprinzipien für das Leben des Wahrheitssuchers dar.

Sowohl die Weisen als auch die Schriften sagen uns gleichermaßen, daß wir uns, während wir in der Welt leben, nicht so benehmen sollten, als gehörten wir der Welt; wir sollten vielmehr eine Haltung der Selbstverleugnung oder des vollkommenen Losgelöstseins von der Welt und allem, was zu ihr gehört, aufrechterhalten. So sollten wir also leben wie eine Lotuspflanze, die ihre Wurzeln unten im Schlamm hat, aber ihr Haupt hoch oben in das Licht der herrlichen Sonne über das brackige Wasser erhebt; oder wie der königliche Schwan, der majestätisch auf der Oberfläche des Wassers dahinsegelt, das sein natürliches Lebensgebiet ist, aber sich dennoch hoch und trocken in die Lüfte erheben kann, wann immer er es möchte oder für notwendig hält.

Diese Art uneigennütziger Loslösung oder Trennung von unserer Umgebung und vor allem von dem niederen Selbst, dem Körper, dem Gemüt und der Gefühlswelt, kommt nur, wenn wir unser Ego, den individuellen Willen, im Willen Gottes aufgehen lassen oder im Willen unseres *Gurus*, des Gottmenschen, denn dann handeln wir wie eine bloße Marionette in einem Pantomimentheater, die nach dem Willen des Drahtziehers hinter den Kulissen tanzt. Das nennt man völlige Selbsthingabe, die im stillen nur danach verlangt: «Nicht mein Wille, sondern Dein Wille, oh Herr!» Solch eine Haltung verhilft einem Menschen auf einfache Weise dazu, *Neh-Karma* (frei von bindenden Handlungen) zu werden. Während er anscheinend dies oder jenes tut, tut er nichts mehr aus eigenem Antrieb, sondern er führt den Willen seines Vaters aus, den Willen Gottes oder seines göttlichen Lehrers, denn er sieht in sich den Göttlichen Plan als solchen und treibt einfach dahin im großen Strom des Lebens und sieht sich als bewußtes Werkzeug in den unsichtbaren Händen, die all seine Bewegungen lenken.

Selbsthingabe bedeutet schließlich, alles, was zu einem gehört, Gott oder seinem Erwählten, dem Lehrer (Gottmenschen) hinzugeben, und dazu gehören der Körper, der Besitz und das eigentliche Selbst (der denkende Verstand). Das bedeutet für das Individuum dann nicht den Zustand völligen Ruins, wie mancher zu denken geneigt sein könnte. Der große Gott und sein Auserwählter sind die Geber all dieser Dinge und haben keinen Bedarf an jenen Gaben, die sie bereits freizügig und im Überfluß Ihren Kindern gegeben haben, damit diese sie auf beste und rechtmäßige Weise benützen. Wir in unserer Unwissenheit betrachten diese aber als unser eigen und nehmen eine Haltung aggressiven Besitztums an. Wir bemühen uns, sie mit allen Mitteln, ob fair oder unredlich, zu ergattern und verteidigen sie dann eifersüchtig mit aller Gewalt. Gebunden an diese Gaben und sie fest umklammernd vergessen wir ihn, den Großen Geber und dadurch schleicht sich unbemerkt die große Täuschung ein - die Grundursache all unserer Leiden. Zweifelsohne gehören diese Dinge, die uns zugekommen sind, uns, aber sie werden uns für eine begrenzte Zeit als heiliges Gut anvertraut, das im Sinne des Gebers benützt werden soll, der selbstverständlich vollkommen und von unbefleckter Reinheit ist und keinen Fehl hat. Da wir aber im Bereich der Materie leben, können wir, trotz all unserer weltlichen Klugheit, nicht vermeiden, grobe Eindrücke an uns zu ziehen und ihnen zu erlauben, sich ungehindert von Tag zu Tag anzusammeln, bis sie eine granitene Mauer um uns herum formen. Wir verlieren die Klarheit der Einsicht, werden der Wirklichkeit gegenüber blind und setzen nach und nach das wahre Selbst in uns mit dem *Pinda* (Körper) und dem *Pindi-manas* (Gemüt) gleich.[217]

Wahrhaft ernsthafte Schüler des Meisters und die Meister selbst haben immer die Einstellung, daß sie keine individuelle Existenz getrennt von der Existenz des Gottmenschen oder Gottes besitzen. Solche Menschen lesen die Vergangenheit, Gegenwart und Zukunft wie ein offenes Buch und handeln in Übereinstimmung mit dem Göttlichen Plan. Das führt uns unwiderstehlich zu dem Schluß, daß Gott denjenigen Seelen hilft, die seinen Willen tun. Das gilt aber nur für Menschen festen Glaubens und kann nicht als Mittel zum Entkommen für gewöhnliche Menschen benutzt werden, die immer auf der Ebene der Sinne leben, denn sie werden von dem Gesetz «Gott hilft denen, die sich selbst helfen» regiert. Die Eigenschaft der Selbsthingabe, gleich mit welcher Glaubensstärke, trägt ihre eigene Frucht, und zwar schnell, entsprechend dem Niveau, auf dem sie geübt wird. Durch schrittweise Erfahrung lernt der Schüler den ganzen Wert (der Selbsthingabe) in dem Maße, wie er auf dem Weg voranschreitet, bis er ein Stadium erreicht, in dem er sein Ego voll und ganz im

Göttlichen Willen verliert und auf diese Weise selbst *Neh-Karma* wird, die Krönung und Herrlichkeit aller menschlichen Existenz. Ein liebevoller Glaube an die Gott innewohnende Güte und vollkommene Selbsthingabe an den Göttlichen Willen führen einen auf dem sicheren Weg zur Spiritualität, ohne irgendwelche große fortgesetzte Bemühung seitens des Anwärters. Diese beiden Eigenschaften stellen den geheimen «Sesam öffne dich» und magischen Schlüssel dar, der die Tore zum Reiche Gottes weit öffnet, welches innen, im menschlichen Körpertempel liegt, der wir alle sind.[218]

Erheben wir uns einmal über das Körperbewußtsein, dann wissen wir, was wir sind und wie wir unsere Gaben am besten im Dienste Gottes und für Gottes Plan nützen und nicht in sündhaften Aktivitäten, die von fleischlichen Gelüsten oder aus Selbstüberschätzung herrühren oder als Mittel dazu dienen, sich vorübergehende Kraft anzueignen, um persönlichen Nutzen und Gewinn zu erlangen. Das war die große Lektion, die der Weise *Ashtavakra* dem Herrscher *Raja Janak* vermittelte, nachdem er ihm eine praktische Erfahrung der Wirklichkeit gegeben hatte. In der Tat brauchen wir uns von nichts anderem zu trennen als von der egoistischen Bindung an das Schatzhaus des Herzens. das macht uns aber nicht ärmer, denn dadurch werden um so mehr der liebegeladenen Gaben des Höchsten Vaters herbeigezogen, wenn er die Weisheit seines Kindes sieht - einst der verlorene Sohn, jetzt aber klüger geworden. Das nennt man die Hingabe des kleinen Selbst mit allem, was dazugehört - dem Körper, dem Gemüt, dem Besitz - um des Höheren Selbstes (Seele) willen entsprechend dem Göttlichen Willen und um zu *Neh-Karma* zu werden, dem wahren Ziel des Lebens.[219]

Sich selbst zu Füßen des Meisters zu überantworten, bedeutet, den individuellen Willen im Willen des Meisters aufgehen zu lassen und sich selbst vollkommen seiner Gnade zu überlassen. Das ist der sicherste und einfachste Weg, um allen Sorgen und Ängsten zu entkommen. Es geschieht aber nur, wenn ein Schüler vollkommenen Glauben und vollkommenes Vertrauen in die Kompetenz des Meisters hat.

Diese Art der Selbsthingabe ist ähnlich wie die eines völlig hilflosen Patienten, der, in die Fähigkeit eines guten Chirurgen vertrauend, sein Leben in dessen Hände gibt und sich ruhig seinem Skalpell überläßt.[220]

Auf genau dieselbe Weise besteht das Werk des Meisters nicht nur darin, die Theorie von *Para Vidya* (die Wissenschaft vom Jenseits) zu lehren, sondern es schließt die praktische Demonstration von Ergebnissen spiritueller Experimente ein sowie Hilfe und Führung in allen Schwierigkeiten des Schülers. Ein wahrer Freund hält nicht nur theoretische Vorträge darüber, wie man Gemüt und Materie entrinnen kann, er hilft vielmehr dabei, die Befreiung selbst in die Tat umzusetzen.

Stellen wir uns zum Beispiel vor, daß jemand in ein fremdes Land reisen muß. Er wird damit beginnen, die unterschiedlichen Transportmittel, die zur Verfügung stehen, zu erfragen: zu Land, zu Wasser, in der Luft, wie er es wünscht. Hat er seine Wahl getroffen, so besteigt er Flugzeug, Schiff oder Zug, und indem er sich auf die Befähigung des Fahrzeugführers verläßt, nimmt er ohne die geringste Furcht bequem seinen Sitz ein. Sollte das Schiff in Seenot oder das Flugzeug in einen Sturm geraten, ist es die Pflicht des Kapitäns oder Piloten, alle nur möglichen Vorkehrungen zu treffen, um das Beförderungsmittel zusammen mit den Passagieren, für die er verantwortlich ist, zu retten.

Auf genau die gleiche Weise hat der nach Spiritualität Strebende nach sorgfältiger Prüfung zunächst über die spirituelle Würdigkeit eines Meisters zu entscheiden, und sich dann voll und ganz dessen Autorität und Führung zu unterwerfen, ohne irgendwelche gedanklichen Vorbehalte; denn der Meister allein kennt die Biegungen und Windungen des spirituellen Pfades und ist imstande, als unfehlbarer Führer zu wirken.

Der Begriff «Hingabe» bedeutet daher, daß ein Schüler volles Vertrauen in die Befähigung und Kompetenz des Meisters haben und genauestens seinen Anweisungen folgen und nach ihnen handeln sollte, ganz gleich, was sie sein mögen, ob sie in Übereinstimmung mit seinem eigenen Verstand sind oder nicht; denn sein Urteilsvermögen ist begrenzt und kann fehlerhaft und nicht weitreichend genug sein oder sich als unsicher erweisen.

Es ist nicht seine Sache, die Angemessenheit der Gebote des Meisters in Frage zu stellen. Er muß lernen, wie ein Soldat seinen Befehl zu befolgen, ohne das Warum und Wofür der Dinge zu kennen; denn der Meister weiß, was in jedem einzelnen Fall am besten und passendsten ist. Deshalb muß man dem Meister buchstäblich gehorchen und sich unverzüglich an den *Sadhan*, die spirituelle Übung und Schulung machen, so wie sie für einen festgelegt wurde. Das ist der einzige Weg zu spirituellem Erfolg - es gibt keinen anderen.[221]

Wenn ein Schüler sich ganz und gar dem Meister anvertraut, wird er frei von allen Sorgen, und der Meister muß notwendigerweise alle Verantwortung übernehmen, geradeso wie eine Mutter für ihr Kind, das selbst nicht weiß, was ihm guttut.

In dem Maße, wie ein Schüler sich in seiner spirituellen Übung entwickelt, macht er sich selber bereit, mehr Gnade vom Meister zu empfangen. Unter seinem freundlichen und gütigen Einfluß beginnt der Schüler von Tag zu Tag zu gedeihen und all seine Wünsche werden erfüllt ohne die geringste Mühe von seiner Seite.[222]

Selbsthingabe ist keine einfache Aufgabe. Sie zu vollbringen, muß man sich auf die Haltung eines unschuldigen

Kindes zurückziehen. Das bedeutet eine vollständige «Involution», eine vollkommene Umwandlung, ein Ersetzen der eigenen Individualität.

Das ist der Pfad der Selbstverleugnung, den nicht jedermann einschlagen kann.

Andererseits ist der Pfad der spirituellen Schulung vergleichsweise einfach. Die eigene Bemühung einzusetzen, um spirituell voranzukommen, kann von jedem versucht werden.

Das ist ohne Zweifel ein langer und qualvoller Weg. Verglichen mit dem Weg der Selbsthingabe aber kann man ihn im Vertrauen auf den Meister Schritt für Schritt fest beschreiten. Ist jedoch der Strebende in der glücklichen Lage, sich auf die Selbsthingabe zu verlegen, kann er alle Segnungen vom Meister schnell herbeiziehen, denn er geht direkt in seinen Schoß und braucht selbst nichts für sich zu tun.

Er ist dann des Meisters Erwählter, sein geliebter Sohn, der Sohn von Gott selbst. Aber sehr selten kann selbst eine wahrlich gesegnete Seele diese Haltung einnehmen.[223]

Durch die Hingabe an einen *Satguru*, den wahren Meister, übernimmt der Herr den *Jiva*, die verkörperte Seele, unter Seinen eigenen Schutz und gewährt ihr die Segnungen von *Sahaj* (ewiges Glück). Nun verschwinden alle Zweifel und Ängste und der Schüler kommt zu seinem eigenen wahren Selbst.[224]

> *Ohne Ende sind die Lobgesänge Ihm zu Ehren,*
> *Ohne Ende die Worte des Preisens;*
> *Ohne Ende Seine Werke und endlos*
> *Seine Gaben;*
> *Ohne Ende Sein Anblick und endlos*
> *Seine Inspiration;*
> *Ohne Ende und jenseits des Begreifens ist*
> *Sein Ziel;*

*Ohne Ende Seine Schöpfung und endlos
deren Enden.
Ohne Ende ist des Menschen Suche voll Qual
nach Seinen Grenzen,
Aber Seine Begrenzungen sind nicht zu finden.
Ohne Ende ist Er und niemand kann
Sein Ende erfahren;
Je mehr wir sagen, desto mehr ist Er.
Erhaben ist der Herr und erhaben
Seine Wohnstatt;
Noch erhabener ist Sein Heiliges Wort.
Nur wer Seine Höhe erreicht,
Kann einen Blick von Ihm erhaschen.
Oh Nanak, Er allein kennt Seine Größe,
Und nur Sein Gnadenblick kann uns
Zu Seiner Höhe emporheben.*[225]

Jap Ji

Aus Botschaften des Meisters

«Erhebt euch, wacht auf und haltet nicht inne, bis das Ziel erreicht ist!», heißt die altehrwürdige Botschaft, wie sie zu uns seit ewigen Zeiten herabkommt, und ich wiederhole sie heute mit allem mir zu Gebote stehenden Nachdruck. Schmiede das Eisen, solange es heiß ist! Das Reich Gottes ist wahrlich nahe herbeigekommen, und die Gotteskraft winkt euch unmißverständlich herein. Nützt die einmalige Gelegenheit, die Gott euch gegeben hat, denn die menschliche Geburt ist ein seltenes Vorrecht, und der Mensch ist dreifach gesegnet. Macht das Beste daraus, solange noch Zeit ist. Laßt nicht zu, daß sich Uneinigkeiten in eure Gedanken einschleichen und euren Fortschritt auf irgendeine Weise beeinträchtigen. Ihr glücklichen Kinder des unbesiegbaren Lichts! Lebt entsprechend dieser Heiligen Wahrheit! Die Meisterkraft ist immer bei euch und wird alle Liebe und Gnade über euch ausbreiten.[226]

Es ist notwendig, daß wir heute eine Bestandsaufnahme machen und sehen, wo wir stehen und wie weit wir vorangekommen sind. Laßt uns dies in aller Stille, aber ernsthaft, tun. Die Reise mag lang sein, aber sie muß zu Ende geführt werden. Das Leben verrinnt. Laßt nicht zu, daß eitles Streben uns von unserem edlen Pfad ablenkt. Die Gnade des Meisters ist überwältigend und erstreckt sich weit und breit. Durch seine Barmherzigkeit wird die lange und ermüdende Reise zurück zu unserer ewigen Heimat abgekürzt und es wird ihr überall wohlklingender Reiz verliehen. Seine gütige Liebe ist überfließend, und er wartet auf euch an der Tür hinter euren Augen, um euch zu empfangen. An uns ist es, uns nach innen zu wenden und an der Tür zu sitzen. Laßt standhafte Hingabe und unseren aus vollem Herzen kommenden Glauben an Ihn uns dabei zustatten kommen![227]

Liebe ist das «Licht des Lebens». Diese Liebe wird entwickelt, je mehr ihr von Herzen und nicht mit den Lippen betet, je mehr ihr in Verbindung seid mit dem Licht und dem der handelnden Gotteskraft zugrundeliegenden Ton, dem Heiligen *Naam*, dem Wort, mit dem ihr eine Verbindung erhalten habt.

Diese Lebensweise wird wahre Herzensdemut entwickeln, die das Geheimnis des Wachsens in Gott ist. Wenn sie euch fehlt, dann seid ihr leicht verletzt, werdet mißtrauisch, regt euch auf, wenn andere schlecht über euch sprechen, habt den geheimen Wunsch, bekannt zu sein; dann werdet ihr herrisch in eurer Rede und eurem Auftreten, reizbar, gekünstelt, angeberisch, kompliziert in eurer Lebensweise und unfreundlich zu allen in eurer Umgebung und zu allen, die euch unterstehen.

Der wahre «Übermensch» ist der großartige Mensch, der Gott mit bescheidenem Herzen dient. Er ist demütig, einfach, geradlinig, sanft, freundlich und ehrfurchtsvoll allen gegenüber. Lassen wir dies außer acht, so haben wir Streit und Auseinandersetzungen im Namen der heiligen Sache, die wir vertreten.

Die großen Meister der Sikh-Religion sagen: «Kindliche Einfachheit und Ungebundenheit bringen uns Gott näher.» Und Jesus Christus sagte ebenso: *Es sei denn, daß ihr werdet wie die Kinder, so könnt ihr nicht in das Reich Gottes eintreten.*[228]

Eure Pflicht ist zweifach: körperlich und spirituell, denn ihr habt den Körper und den Geist. Beide sind miteinander verflochten und verbunden und müssen sorgfältig und liebevoll gepflegt werden, ohne daß ihr eure Begeisterung in irgendeiner Weise mindert. Sich vor der Pflicht zu drücken ist Ängstlichkeit, ihr mit Entschlußkraft entgegenzutreten ist mannhaft, die Ergebnisse fröhlich anzunehmen ist Tapferkeit, und das Leben entsprechend der Umgebung einzurichten ist belebend und friedvoll.[229]

Ihr habt nur eure Pflicht mit Liebe, Vertrauen und Begeisterung zu erfüllen und in das bewußte Gewahrwerden der großen Kraft in euch hineinzuwachsen. «Jetzt oder nie!» sollte das Motto sein. In der Regel gibt es keine unverhofften Glücksfälle. Ihr müßt euch euren Weg nach oben erarbeiten. Jeder, der die oberste Stufe erreicht hat, hat auch die unteren Stufen erklommen.[230]

Wie kann euer Leben edel sein? Setzt euch ein Ideal zum Ziel und arbeitet dafür mit Herz und Seele.[231]

Wollt ihr glücklich sein, macht andere glücklich. Wollt ihr gesegnet sein, so segnet andere. Wer anderen Schmerz zufügt, muß Schmerz erleiden. So ist das Große Gesetz.[232]

Wahrhaft gesegnet ist die Stunde, da das Zeitlose in die Zeit kommt, das Formlose Gestalt annimmt, das Wortlose zum Wort wird und das Wort ein Kleid aus Fleisch anzieht, um unter uns zu wohnen. Ihr seid wahrlich eurer Anlage und Befähigung nach dieses Zeitlose, Formlose und Wortlose. Das Wort ist in euch, und ihr lebt in dem Wort und durch das Wort, obwohl ihr zur Zeit auf der Ebene der Sinne lebt und euch eurer wahren Identität nicht bewußt seid.[233]

Das Leid ist in der Welt zu Hause und Männer und Frauen tappen im Dunkeln. Laßt uns deshalb in solch einer Welt umhergehen und allen Liebe und Mitgefühl schenken. Wir wollen den Armen und Notleidenden dienen, unseren Brüdern und Schwestern, den Vögeln und Tieren und der ganzen Schöpfung, in der der Lebensodem ist, zu Diensten sein. Wir wollen keine Energie mit unnötigen Diskussionen vergeuden. Laßt uns am Altar der leidenden Menschheit ein paar Kerzen entzünden. Das erreichen wir durch das rechte Verständnis davon, daß alle Menschen eins sind. Die Seele in allen ist das Grundwesen Gottes. Wir sind Mitglieder derselben Familie Gottes. Wir sind alle Geschwister in Gott. Wenn wir begreifen, daß Gott in jedem Herzen wohnt, sollten wir allen Achtung und Liebe entgegenbringen. Diese Erkenntnis muß in der Menschheit heraufdämmern.[234]

In aller Stille überprüfen wir uns, um unsere Schwächen zu finden und sie auszumerzen. Wir müssen mit der Dunkelheit ringen, uns moralische Muskeln antrainieren und die Botschaft des Geistes empfangen. Zumindest für einige Zeit müssen wir allein sein mit Gott. Wenn wir mehr und mehr in die Stille eindringen, werden unsere Wünsche aufgelöst, wird Reinheit erreicht und werden der Körper und das Gemüt geheiligt. Wir kosten das Elixier des Göttlichen *Naam* (des Wortes), und wir wissen, wie süß der Name ist.

In der Stille leuchtet das Herz auf; Schleier um Schleier wird entfernt. Im Herzen leuchtet Licht, und die Stille selbst beginnt zu tönen und macht den Weg frei für die Musik der Sphären, die in der gesamten Schöpfung erklingt. Wenn ihr das Licht seht, das in eurem Herzen scheint, und die Sphärenmusik hörbar wird, dann nehmt ihr das Licht auch in allem wahr, was außen ist. Ihr seht ein und dasselbe Licht in allen. Das ist die allumfassende Vision, daß der Eine in allen ist und alle in dem Einen sind. Gesegnet ist der Erleuchtete, denn wo auch immer er ist, verweilt er beim Ewigen Einen.[235]

Reinigt euer Wesen, um dieses Ziel zu erreichen, indem ihr ein gutes Leben lebt! Verwirklicht Wahrheit, Reinheit, Liebe, Selbstlosigkeit und Rechtschaffenheit in eurem Leben und Handeln! Gebt allen Haß auf, vernichtet den Egoismus und den Ärger! Vermeidet Gewalttätigkeit, verpflichtet euch der Liebe, der Aufrichtigkeit, Demut, Vergebung und der Friedfertigkeit! Laßt den Krieg! Verzichtet auf Machtgelüste! Laßt das Gesetz der Liebe unter euch herrschen - und laßt es ausstrahlen zu allen Nationen und Rassen! Wahre Herzensreligion sei der beherrschende Faktor eures Lebens. Liebt Gott, liebt alle, dient allen und achtet alle, denn Gott wohnt jeder Form inne. Predigt das Evangelium des Einsseins! Verbreitet die Botschaft des Einsseins und lebt ein Leben des Einsseins! Dann wird Friede auf Erden sein. Das ist die Mission meines Lebens, und ich bete, daß sie in Erfüllung gehen möge.[236]

Gott ist Liebe, und der Meister, der Gottmensch, ist menschgewordene Liebe. Wenn unsere Seele mit seiner überfließenden Liebe in Verbindung kommt, werden wir von seiner Liebe ganz erfüllt, wodurch all der Schmutz der Sünden aus der Vergangenheit weggewaschen wird und wir in die Einheit mit dem Vater verschmelzen.[237]

Ihr seid durch die über euch wirkende Meisterkraft beschützt. Verlaßt euch auf sie. Ihr werdet alle innere Hilfe erhalten. Der Meister wartet darauf, daß seine lieben Kinder zu ihm im Inneren kommen.[238]Ich empfinde große Liebe für euch alle. Wenn ihr wirklich wüßtet, wie sehr ich euch liebe, ihr würdet vor Freude tanzen. Ihr würdet durch des Meisters Liebe so berauscht werden, daß es euch direkt in die Arme eures Geliebten im Innern tragen würde.[239]

Die Liebe des Meisters ist grenzenlos.[240]

Laßt euer inneres Selbst vor Liebe zum Meister überfliessen, und zwar so sehr, daß alle eure Gedanken in ihm verloren sind.[241] Gott im Meister sieht alles und überschüttet alle, die den Willen seines Vaters tun, mit Gnade.[242] Ich bin in Indien, aber mein Herz ist bei euch allen, und ich sende jedem einzelnen von euch meine tiefempfundene Liebe.[243]

Quellenhinweise auf die englische Originalliteratur

The references to the books of Kirpal Singh can be found in the following editions:
The Jap Ji - second edition (1964)
The Crown of Life - third edition (1970)
Spiritual Elixir - second (one-volume) edition (1988)
Morning Talks - fifth edition (1988)
The Wheel of Life - second edition (1986)
Prayer - third edition (1970)
Baba Jaimal Singh - fourth edition (1987)
The Mystery of Death - fourth edition (1986)
Godman - second edition (1971)
The Night is a Jungle - second edition (1984)

BOOK ONE
NEW LIFE IN THE WORLD

1. *Wheel of Life*, pp. 61 - 62
2. *Spiritual Elixir*, pp. 1 - 3
3. *Ruhani Satsang*, pp. 21 - 22
4. *Excerpts from Letters to New York Satsangis*, p.42
5. Letter to an Initiate
6. *Morning Talks*, p. 229
7. *Morning Talks*, p. 238
8. *Jap Ji*, p. 81
9. *Jap Ji*, p. 82
10. *Spiritual Elixir*, pp. 87 - 88
11. The Master on Marriage (Circular)
12. *Spiritual Elixir*, p. 295
13. *Spiritual Elixir*, p. 222

14. *Sat Sandesh*, December 1971, p. 10
15. *Spiritual Elixir*, p. 285
16. *Spiritual Elixir*, p. 286
17. *Spiritual Elixir*, p. 255
18. *Spiritual Elixir*, p. 124
19. *Spiritual Elixir*, p. 285
20. *Baba Jaimal Singh*, p. 99
21. *Sat Sandesh*, September 1970, p. 12
22. *Sat Sandesh*, December 1971, p. 11
23. *Morning Talks*, pp. 154 - 155
24. *Baba Jaimal Singh*, p. 97
25. *Morning Talks*, p. 80
26. *Sat Sandesh*, March 1972, p. 6-7
27. *Sat Sandesh*, April 1971, p. 14
28. *Receptivity*, p. 12
29. *Spiritual Elixir*, p. 90
30. *Excerpts from Letters to New York Satsangis*, p. 78
31. *Spiritual Elixir*, p. 160
32. Message on birthday of Baba Sawan Singh, July '68
33. *Spiritual Elixir*, p. 238
34. *Spiritual Elixir*, p. 16
35. *Sat Sandesh*, March 1972, p. 31
36. *Sat Sandesh*, March 1972, pp. 2-3
37. The Way of Love (circular)
38. *Sat Sandesh*, June 1970, p. 26
39. Message on birthday of Baba Sawan Singh, July '68
40. Circular No. 2
41. Master's Birthday Message, February 1963
42. *Sat Sandesh*, December 1970, p. 2
43. *Sat Sandesh*, June 1970, p. 29
44. *Spiritual Elixir*, p. 290
45. *Spiritual Elixir*, p. 132
46. *Excerpts from Letters to New York Satsangis*, p. 79
47. *Spiritual Elixir*, p. 102

48. Circular No. 17
49. *Morning Talks*, p. 18
50. *Excerpts from Letters to New York Satsangis*, p. 52
51. *Excerpts from Letters to New York Satsangis*, p. 52
52. *Spiritual Elixir*, pp. 292 - 293
53. *Sat Sandesh*, June 1970, p. 30
54. *Spiritual Elixir*, p. 105
55. *Spiritual Elixir*, p. 92
56. *Spiritual Elixir*, p. 124
57. *Sat Sandesh*, February 1971, pp. 9 - 10
58. *Spiritual Elixir*, p. 291
59. *Spiritual Elixir*, p. 236
60. *Excerpts from Letters to New York Satsangis*, p. 62
61. *Spiritual Elixir*, p. 240
62. *Spiritual Elixir*, p. 237
63. Circular No. 27, p. 9
64. Circular No. 27, p. 10
65. *Spiritual Elixir*, p. 292
66. *Spiritual Elixir*, p. 8
67. *Spiritual Elixir*, p. 211
68. *Sat Sandesh*, December 1970, p. 10
69. *Sat Sandesh*, December 1970, p. 14
70. *Spiritual Elixir*, p. 214
71. *Sat Sandesh*, April 1971, p. 28
72. *Spiritual Elixir*, p. 255
73. *Spiritual Elixir*, p. 178
74. Letter to an Initiate
75. Circular No. 68
76. *Spiritual Elixir*, p. 163
77. *Sat Sandesh*, December 1971, p. 6
78. *Sat Sandesh*, December 1971, p. 11
79. *Sat Sandesh*, December 1971, p. 9
80. Circular No. 27, p. 5
81. *Spiritual Elixir*, p. 99

82. *Excerpts from Letters to New York Satsangis*, p. 63
83. Letter to an Initiate
84. *Spiritual Elixir*, pp. 53 - 54
85. *Morning Talks*, pp. 69 - 70
86. Letter to an Initiate
87. The Master on Marriage (circular)
88. *Excerpts from Letters to New York Satsangis*, p. 20
89. The Master on Marriage (circular)
90. *Spiritual Elixir*, pp. 78 - 79
91. *Excerpts from Letters to New York Satsangis*, p. 60
92. *Spiritual Elixir*, p. 241
93. The Master on Marriage (circular)
94. Letter to an Initiate
95. Letter to an Initiate
96. Letter to an Initiate
97. *Spiritual Elixir*, p. 237
98. *Excerpts from Letters to New York Satsangis*, p. 62
99. *Spiritual Elixir*, p. 103 - 104
100. Letter to an Initiate
101. *Sat Sandesh*, December 1971, p. 6
102. *Sat Sandesh*, April 1971, p. 26
103. *Excerpts from Letters to New York Satsangis*, p. 54
104. *Spiritual Elixir*, p. 213
105. *Excerpts from Letters to New York Satsangis*, p. 26
106. *Spiritual Elixir*, p. 46
107. *Sat Sandesh*, June 1970, p. 26
108. *Sat Sandesh*, June 1970, p. 27
109. *Sat Sandesh*, June 1970, p. 27
110. *Sat Sandesh*, June 1970, p. 29
111. *Spiritual Elixir*, p. 244
112. *Spiritual Elixir*, p. 84
113. *Sat Sandesh*, June 1970, pp. 26 -27
114. *Sat Sandesh*, June 1970, p. 28
115. Letter to an Initiate

116. *Morning Talks*, pp. 21-22
117. *Sat Sandesh*, June, 1970, p. 27
118. *Excerpts from Letters to New York Satsangis*, p. 17
119. *Baba Jaimal Singh*, pp. 104 - 105
120. *Wheel of Life*, pp. 31 - 32
121. *Sat Sandesh*, December 1971, p. 24
122. *Spiritual Elixir*, pp. 177 - 178
123. *Excerpts from Letters to New York Satsangis*, pp. 55 - 56
124. *Morning Talks*, p. 127
125. *Spiritual Elixir*, p. 287
126. *Spiritual Elixir*, p. 280
127. *Spiritual Elixir*, p. 132
128. *Spiritual Elixir*, p. 263
129. *Excerpts from Letters to New York Satsangis*, p. 42
130. *Excerpts from Letters to New York Satsangis*, p. 16
131. *Spiritual Elixir*, p. 292
132. *Wheel of Life*, p. 50
133. *Spiritual Elixir*, p. 263
134. Message on birthday of Baba Sawan Singh, July '68
135. *Prayer*, p. 58
136. *Spiritual Elixir*, p. 253
137. *Excerpts from Letters to New York Satsangis*, p. 26
138. *Excerpts from Letters to New York Satsangis*, p. 80
139. *Excerpts from Letters to New York Satsangis*, p. 27
140. *Excerpts from Letters to New York Satsangis*, p. 24
141. *Prayer*, p. 47
142. *Prayer*, p. 50
143. *Prayer*, p. 57
144. *Prayer*, p. 43
145. *Excerpts from Letters to New York Satsangis*, p. 51
146. *Baba Jaimal Singh*, p. 122
147. Circular No. 2
148. *Sat Sandesh*, September 1970, p. 11

149. *Spiritual Elixir*, p. 126
150. *Spiritual Elixir*, p. 94
151. *Spiritual Elixir*, p. 155
152. *Sat Sandesh*, August 1970, p. 14
153. *Morning Talks*, p. 233
154. *Morning Talks*, p. 206
155. *Spiritual Elixir*, p. 55
156. *Spiritual Elixir*, p. 146
157. Circular No. 2
158. *Excerpts from Letters to New York Satsangis*, p. 56
159. *Excerpts from Letters to New York Satsangis*, p. 72
160. Letter to an Initiate
161. *Sat Sandesh*, April 1971, p. 31
162. *Morning Talks*, p. 140
163. *Spiritual Elixir*, p. 267
164. *Spiritual Elixir*, p. 254
165. *Morning Talks*, p. 141
166. *Morning Talks*, p. 142
167. *Wheel of Life*, p. 48
168. *Excerpts from Letters to New York Satsangis*, p. 81
169. *Spiritual Elixir*, p. 39
170. *Spiritual Elixir*, p. 284
171. *Sat Sandesh*, November 1970, p. 5
172. Circular No. 27, p. 15
173. *Sat Sandesh*, October 1970, p. 8
174. *Sat Sandesh*, July 1971, p. 31
175. *Spiritual Elixir*, p. 220
176. *Spiritual Elixir*, pp. 252 - 253
177. *Sat Sandesh*, July 1971, p. 30
178. *Spiritual Elixir*, p. 83
179. Circular No. 2
180. *Morning Talks*, p. 43
181. Circular No. 2
182. *Man Know Thyself*, pp. 28 -29, '88 ed.

183. *Wheel of Life*, p. 31
184. Letter to an Initiate
185. *Wheel of Life*, pp. 52 - 53
186. Letter to an Initiate
187. From a tape from Sawan Ashram, February 1970
188. Letter to an Initiate
189. *Baba Jaimal Singh*, pp. 85 - 86
190. *Baba Jaimal Singh*, p. 86
191. *Baba Jaimal Singh*, p. 87
192. *Spiritual Elixir*, p. 133
193. *Sat Sandesh*, August 1970, p. 25
194. *Sat Sandesh*, August 1970, p. 26
195. *Sat Sandesh*, August 1970, p. 26
196. Circular «On Military Service»
197. Circular No. 69, August 18, 1969
198. *Spiritual Elixir*, p. 127
199. *Spiritual Elixir*, p. 263
200. *Sat Sandesh*, December 1971, p. 28
201. *Sat Sandesh*, December 1970, pp. 9 - 10
202. *Sat Sandesh*, December 1970, p. 14
203. *Excerpts from Letters to New York Satsangis*, p. 52
204. *Sat Sandesh*, January 1971, p. 10
205. *Spiritual Elixir*, p. 271
206. *Spiritual Elixir*, p. 54
207. *Excerpts from Letters to New York Satsangis*, p. 74
208. *Excerpts from Letters to New York Satsangis*, p. 14
209. *Excerpts from Letters to New York Satsangis*, p. 74
209a. *The Wheel of Life*, p. 36
210. *Sat Sandesh*, January 1971, p. 4
211. *Sat Sandesh*, January 1971, p. 5
212. *Sat Sandesh*, January 1971, p. 5
213. *Sat Sandesh*, January 1971, p. 6
214. *Sat Sandesh*, January 1971, p. 9
215. *Sat Sandesh*, January 1971, p. 9

216. *Sat Sandesh*, January 1971, p. 10
217. *Sat Sandesh*, January 1971, p. 10
218. *Sat Sandesh*, January 1971, p. 10
219. *Sat Sandesh*, January 1971, p. 11
220. *Sat Sandesh*, January 1971, p. 11
221. *Sat Sandesh*, January 1971, p. 11
222. *Sat Sandesh*, January 1971, pp. 13 - 14
223. *Sat Sandesh*, January 1971, p. 14
224. *Sat Sandesh*, January 1971, p. 14
225. *Sat Sandesh*, January 1971, p. 14
226. *Sat Sandesh*, January 1971, pp. 14 - 15
227. *Sat Sandesh*, January 1971, p. 15
228. *Sat Sandesh*, January 1971, p. 15
229. *Sat Sandesh*, January 1971, p. 15

BOOK TWO
NEW LIFE IN GOD

1. Circular No. 17
2. *Morning Talks*, pp. 35 - 36
3. *Morning Talks*, p. 228
4. *Morning Talks*, pp. 57 - 58
5. *Sat Sandesh*, December 1971, p. 29
6. *Morning Talks*, p. 48
7. *Morning Talks*, p. 46
8. *Morning Talks*, p. 32
9. *Spiritual Elixir*, p. 105
10. *Morning Talks*, pp. 48 - 49
11. *Morning Talks*, pp. 255 - 256
12. *Morning Talks*, p. 211
13. *Morning Talks*, p. 204
14. *Sat Sandesh*, February 1972, p. 12
15. *Morning Talks*, p. 205

16. *Baba Jaimal Singh*, p. 121
17. *Morning Talks*, p. 221
18. *Morning Talks*, p. 230
19. *Morning Talks*, p. 50
20. *Excerpts from Letters to New York Satsangis*, p. 26
21. *Sat Sandesh*, February 1970, p. 11
22. *Morning Talks*, p. 207
23. *Morning Talks*, p. 221 - 222
24. *Spiritual Elixir*, p. 124
25. *Morning Talks*, p. 40
26. *Spiritual Elixir*, p. 257
27. *Spiritual Elixir*, p. 115
28. *Sat Sandesh*, February 1972, pp. 7 - 8
29. *Morning Talks*, p. 215
30. *Spiritual Elixir*, pp. 130 - 131
31. *Morning Talks*, p. 205
32. *Morning Talks*, p. 103
33. *Morning Talks*, p. 206
34. *Morning Talks*, pp. 222 - 223
35. *Morning Talks*, pp. 203 - 204
36. *Morning Talks*, p. 204
37. *Morning Talks*, p. 204
38. *Morning Talks*, p. 46
39. *Morning Talks*, pp. 37 - 38
40. *Baba Jaimal Singh*, p. 96
41. *Morning Talks*, p. 207
42. *Morning Talks*, p. 206
43. *Morning Talks*, p. 207
44. *Spiritual Elixir*, p. 251
45. *Spiritual Elixir*, p. 233
46. *Sat Sandesh*, January 1971, p. 12
47. *Morning Talks*, pp. 246 - 247
48. *Sat Sandesh*, November 1971, pp. 28 - 31
49. *Sat Sandesh*, November 1971, p. 28

50. *Simran*, pp. 11 - 12
51. *Sat Sandesh*, June 1971, p. 3
52. *Spiritual Elixir*, p. 184
53. *Simran*, p. 15
54. *Simran*, p. 20
55. *Spiritual Elixir*, p. 184
56. *Spiritual Elixir*, p. 134
57. *Simran*, p. 15
58. *Spiritual Elixir*, p. 172
59. *Spiritual Elixir*, p. 184
60. *Wheel of Life*, p. 37
61. *Simran*, p. 30
62. *Sat Sandesh*, April 1968, p. 12
63. *Simran*, p. 21
64. *Simran*, p. 24
65. *Spiritual Elixir*, p. 169
66. *Spiritual Elixir*, p. 305
67. *Simran*, p. 23
68. *Simran*, p. 24
69. Letter to an Initiate
70. *Excerpts from Letters to New York Satsangis*, p. 21
71. *Spiritual Elixir*, pp. 174 - 175
72. *Excerpts from Letters to New York Satsangis*, p. 45
73. *Excerpts from Letters to New York Satsangis*, p. 54
74. *Sat Sandesh*, February 1972, pp. 12 - 13
75. *Excerpts from Letters to New York Satsangis*, p. 52
76. *Morning Talks*, p. 153
77. *Sat Sandesh*, February 1970, p. 10
78. *Godman*, pp. 156 - 157
79. *Morning Talks*, p. 143
80. *Godman*, pp. 156 - 157
81. *Godman*, p. 159
82. *Godman*, p. 161
83. *Godman*, p. 160

84. *Godman*, p. 140
85. *Godman*, p. 162
86. *Godman*, p. 161
87. *Godman*, p. 158
88. *Spiritual Elixir*, p. 259
89. *Sat Sandesh*, November 1970, p. 5
90. *Prayer*, pp. 55 - 56
91. *Prayer*, p. 56
92. Circular: «Sant, the Master»
93. *Sat Sandesh*, January 1968, p. 28
94. *Sat Sandesh*, April 1968, p. 11
95. *Sat Sandesh*, April 1968, pp. 6 - 7
96. *Morning Talks*, p. 185
97. *Sat Sandesh*, November 1970, p. 3
98. Circular: «Sant, the Master»
99. *Spiritual Elixir*, p. 280
100. *Spiritual Elixir*, p. 227
101. *Excerpts from Letters to New York Satsangis*, p. 29
102. *Prayer*, p. 58
103. *Excerpts from Letters to New York Satsangis*, p. 78
104. *Spiritual Elixir*, p. 105
105. Circular: «The Way of Love»
106. *Prayer*, p. 57
107. Circular: «Humility», p. 2
108. Circular: «Humility», p. 2
109. Circular: «Humility», p. 2
110. Circular: «Humility», p. 2
111. Circular: «Humility», p. 3
112. Circular: «Humility», p. 4
113. Circular: «Humility», p. 3
114. Circular: «Humility», p. 4
115. *Morning Talks*, p. 95
116. *Morning Talks*, p. 94
117. *Morning Talks*, p. 97

118. *Morning Talks*, pp. 251 - 252
119. *Morning Talks*, p. 95 - 96
120. *Sat Sandesh*, December 1970, p. 2
121. *Spiritual Elixir*, p. 118
122. *Godman*, p. 187
123. *Sat Sandesh*, May 1971, p. 9
124. *Morning Talks*, pp. 98 - 99
125. *Morning Talks*, p. 99
126. *Morning Talks*, p. 100
127. *Morning Talks*, pp. 101 - 102
128. *Morning Talks*, pp. 102 - 103
129. *Morning Talks*, p. 103
130. *Godman*, p. 184
131. *Sat Sandesh*, June 1971, p. 32
132. *Godman*, pp. 184 - 185
133. *Godman*, p. 188
134. *Morning Talks*, p. 224
135. *Godman*, pp. 186 - 187
136. *Godman*, p. 189
137. *Sat Sandesh*, March 1971, pp. 14 - 15
138. *Morning Talks*, p. 255
139. *Morning Talks*, p. 134
140. *Sat Sandesh*, March 1971, p. 15
141. *Sat Sandesh*, June 1971, p. 9
142. *Godman*, pp. 185 - 186
143. *Sat Sandesh*, June 1971, p. 32
144. *Morning Talks*, pp. 131 - 132
145. *Spiritual Elixir*, p. 103
146. *Morning Talks*, pp. 43 - 44
147. *Morning Talks*, pp. 47 - 48
148. *Sat Sandesh*, April 1968, p. 5
149. *Sat Sandesh*, April 1968, p. 5
150. *Sat Sandesh*, April 1968, p. 5
151. *Sat Sandesh*, August 1970, p. 12

152. *Morning Talks*, p. 68
153. *Morning Talks*, pp. 187 - 188
154. *Sat Sandesh*, February 1972, p. 32
155. *Spiritual Elixir*, p. 203
156. Letter to an Initiate
157. *Morning Talks*, pp. 110 - 111
158. *Sat Sandesh*, September 1970, p. 13
159. *Sat Sandesh*, September 1970, p. 14
160. *Morning Talks*, p. 164
161. *Morning Talks*, p. 164
162. *Spiritual Elixir*, p. 213
163. *Spiritual Elixir*, pp. 215 - 216
164. *Sat Sandesh*, October 1971, p. 18
165. *Spiritual Elixir*, p. 93
166. *Sat Sandesh*, September 1970, p. 10
167. *Spiritual Elixir*, p. 251/*The Night is a Jungle*, p. 314
168. *Spiritual Elixir*, p. 207 - 208
169. *Excerpts from Letters to New York Satsangis*, p. 82
170. *Morning Talks*, p. 189
171. *Morning Talks*, pp. 185 - 186
172. *Morning Talks*, p. 164
173. *Spiritual Elixir*, p. 118
174. *Sat Sandesh*, September 1970, p. 11
175. *Spiritual Elixir*, p. 77
176. *Spiritual Elixir*, p. 112
177. *Excerpts from Letters to New York Satsangis*, p. 74
178. *Spiritual Elixir*, p. 262
179. *Spiritual Elixir*, p. 157
180. *Excerpts from Letters to New York Satsangis*, p. 52
181. *Spiritual Elixir*, p. 259
182. *Morning Talks*, p. 187
183. *Morning Talks*, p. 166
184. *Sat Sandesh*, September 1970, p. 11
185. *Prayer*, pp. 50 - 51

186. *Prayer*, pp. 52 - 53
187. Circular 27, p. 12
188. *Sat Sandesh*, September 1970, p. 12
189. *Receptivity*, p. 14
190. *Spiritual Elixir*, p. 108
191. *Spiritual Elixir*, p. 213
192. *Spiritual Elixir*, p. 178
193. *Spiritual Elixir*, pp. 147 - 148
194. *Spiritual Elixir*, p. 218
195. *Spiritual Elixir*, p. 309
196. *Jap Ji*, p. 97
197. *Jap Ji*, p. 82
198. *Jap Ji*, pp. 66 - 67
199. *Godman*, p. 190
200. *Sat Sandesh*, September 1971, p. 31
201. *Sat Sandesh*, March 1972, p. 10
202. *Morning Talks*, p. 224
203. *Morning Talks*, p. 221
204. *Spiritual Elixir*, p. 272
205. *Sat Sandesh*, December 1971, p. 14
206. *Baba Jaimal Singh*, pp. 95 - 96
207. *Baba Jaimal Singh*, pp. 105 - 106
208. *Spiritual Elixir*, p. 90
209. *Spiritual Elixir*, pp. 256 - 257
210. *Morning Talks*, pp. 60 - 61
211. *Excerpts from Letters to New York Satsangis*, pp. 81 -82
212. *Sat Sandesh*, March 1972, p. 10
213. *Jap Ji*, p. 81
214. *Godman*, pp. 190 - 191
215. *Prayer*, pp. 76 - 77
216. Circular 17
217. *Wheel of Life*, pp. 76 - 77
218. *Wheel of Life*, pp. 80 - 81

219. *Wheel of Life*, pp. 78 - 79
220. *Godman*, p. 177
221. *Godman*, pp. 177 - 179
222. *Godman*, p. 179
223. *Godman*, pp. 180 - 181
224. *Godman*, p. 59
225. *Jap Ji*, pp. 107 - 108
226. *Spiritual Elixir*, p. 341
227. *Spiritual Elixir*, p. 311
228. *Spiritual Elixir*, pp. 361 - 362
229. *Spiritual Elixir*, p. 327
230. *Spiritual Elixir*, p. 328
231. *Spiritual Elixir*, p. 345
232. *Spiritual Elixir*, p. 347
233. *Spiritual Elixir*, pp. 337 - 338
234. *Spiritual Elixir*, pp. 331
235. *Spiritual Elixir*, p. 368
236. *Spiritual Elixir*, p. 329
237. *Spiritual Elixir*, p. 320
238. *Spiritual Elixir*, p. 332
239. Birthday Message, January 1970
240. *Spiritual Elixir*, p. 322
241. Christmas Message, December 1962
242. *Spiritual Elixir*, p. 326
243. *Spiritual Elixir*, p. 321

Weitere Werke von Kirpal Singh

DIE LEHREN KIRPAL SINGHS
Band 1: Der heilige Pfad
Band 2: Selbstprüfung und Meditation
Eine Auswahl aus Schriften von Sant Kirpal Singh über alle wichtigen Gesichtspunkte des spirituellen Weges

RAD DES LEBENS
Über Karma oder das Gesetz von Ursache und Wirkung

MORGENGESPRÄCHE
Gespräche von Herz zu Herz über das Wesen der Liebe

GOTTMENSCH
Die Bedeutung eines kompetenten spirituellen Lehrers

KRONE DES LEBENS
Die verschiedenen Yogalehren und der Weg der Meister

WAS IST SPIRITUALITÄT

DAS GEBET
Sein Wesen und seine Methode

DAS JAP JI
Die Botschaft Guru Nanaks - übertragen und kommentiert von Sant Kirpal Singh

Verlagsverzeichnis bitte anfordern:
Edition NAAM, Wiesenweg 4, D-90556 Wachendorf,
Tel. (091 03) 406